失敗だらけのヒーローに学ぶ
長所・短所の生かし方

BYUNG WOOK JEON
ジョン・ビョンウク

「あなたらしさ」をつかんで生かす

小牧者出版

CONTENTS

プロローグ　長所を生かせず失敗したヒーロー……4
一章　長所をつかんで生かす……8
長所を認めて生かそう——酔っぱらい将軍も用いられた／短所を制御せよ
二章　長所と短所が逆転する時……18
思わぬ落とし穴／トゲは安全装置／コンディションどおりには働かない／弱点から生まれた強さ
三章　ありのままの姿で……36
誰も見ていない時、どう御前に出るか
四章　黙想の力……46
みことばが効果を発揮するために／黙想と科学／社会制度を変える偉大な影響力

五章　基本を崩そうとする悪魔……68
価値観の衝突―基本に立ち返る／二杯分のコーヒー／ＣＩＡと悪魔の手口
六章　正しさを超える正しい関係……82
獣さえも助け手とされる
七章　礼拝の力……94
神と結ばれてこそ力を得る／スローガンを礼拝につなげる／礼拝者は歌う／礼拝者は驚く
八章　力ある生活の五原則……110
良いことを習慣化する／大事なことは最初にする／自発的に行う／肯定的な態度で働く／再充電する
エピローグ　私たちが苦難の座に置かれる三つの理由……122
私たちの信仰を証明させるため／リバイバルの母体とならせるため／聖霊の力によってのみ生きらせるため

プロローグ
長所を生かせず失敗したヒーロー

サムソンといえば、まず何を思い浮かべますか？

長髪を思い浮かべる方、腕力の強さを思い浮かべる方など、さまざまでしょう。「サムソナイト」というメーカーのスーツケースがあります。このブランド名は、丈夫で強いサムソンにちなんで名付けられたそうです。

士師記十三章を読むと、この章すべてがサムソン誕生のストーリーに割かれていることがわかります。ここでは、天使が現れてサムソンの誕生を予告する場面が出てきます。この「天使が受胎告知をする」という出来事は、旧約に二回、新約に二回あるだけです。旧約ではサムソンとサムエル、新約では洗礼者ヨハネとイエス様です。

サムエルはイスラエルの王政時代を切り開いた人物、洗礼者ヨハネは新旧約の分かれ目の中心にいる人物です。イエス様は言うまでもなく、この歴史の中心人物です。この顔ぶれを見ればわかるように、サムソンもまた、神様の偉大なみわざのために用意された器でした。

このことから、私たちはサムソンに大きな期待を抱きます。ところが彼の人生を見ていくと、すぐにがっかりさせられてしまいます。なぜなら大きな勝利の後に、女性を追いかけているからです。ここでサムソンの愚かさが浮き彫りにされています。

しかしサムソンには、神様から特別に与えられた賜物がありました。それは力です。サムソンがこの力を十分に生かしたなら、きっと勝利を重ねていったことでしょう。ところが彼は、自分で賭けをし、その結果、失敗してしまいます。サムソンはなぜ、失敗の多い人生を送ったのでしょうか。それは、彼が自分の与えられた長所を用いて働かず、短所をもって働こうとしたからです。

私たちは今回、サムソンの人生を見ながら、どのような生き方が神様の栄光を現すのか、勝利を勝ち取っていく生き方とはどのようなものかを、ご一緒に考えていきたいと思います。

一章　長所と短所をつかんで生かす

その後、サムソンはソレクの谷にいるひとりの女を愛した。彼女の名はデリラといった。

すると、ペリシテ人の領主たちが彼女のところに来て、彼女に言った。

「サムソンをくどいて、彼の強い力がどこにあるのか、またどうしたら私たちが彼に勝ち、彼を縛り上げて苦しめることができるかを見つけなさい。私たちはひとりひとり、あなたに銀千百枚をあげよう。」

士師記十六・四〜五

二〇〇二年のワールドカップサッカー、韓国はアジア勢初のベスト四入りを果たしました。

選手の顔ぶれが一新したわけでも、急に驚くほど技術や身体能力がアップしたわけでもありません。ただ、オランダからやって来たヒディング監督によって、この好成績がもたらされたのです。

いったいどうしてでしょうか？

それは、ヒディング監督が優れたリーダーシップを持っていたからです。彼は、選手一人一人の長所をよく把握して、それをしっかり用いました。だからこそ、同じチーム編成でも、以前よりはるかに良い成績を残すことができたのです。私たちも同じではないでしょうか。神様が与えてくださった長所を生かして走るなら、栄光にあふれた人生を送ることができるに違いありません。

サムソンから何を学ぶことができるでしょうか。それは、神様から与えられた長所、得意分野を生かして働くということです。「経営学のおじいちゃん」と呼ばれるピーター・ドラッカーも、「長所の上に人生を建築せよ」ということばを残しています。

聖書には、このようなみことばがあります。

「あかりを持って来るのは、枡の下や寝台の下に置くためでしょうか。燭台の上に置くためではありませんか」（マルコ四・二一）

燭台は、時には枕や足台として使われたこともあったようです。しかし、それは本来の用い方ではありません。燭台は、暗やみを照らす光という本来の目的があるのです。

伝道するときによく使われる『四つの法則』という小冊子があります。その第一法則は「神様はあなたを愛さ

ピーター・ドラッカー
(Peter Ferdinand Drucker)
一九〇九〜二〇〇五

オーストリア生まれの経営学者・社会学者。社会生態学者。ベニントン大学、ニューヨーク大学の教授を経て、二〇〇三年まで、カリフォルニア州クレアモント大学院教授。現代経営学、マネジメントの発明者と言

れ、あなたのために驚くべき計画を持っておられる」ということです。これには深い意味があります。「計画」とは、「私たちをお造りになった目的」ということです。

あなたは神様が自分に持っておられる計画を、はっきりとつかんでますか？

それを握って歩めば、栄光ある人生を生きることができます。思いつくままに事を進めていくことも良いことですが、自分に対する神様の目的をつかまえることが何よりも大切なことです。

長所を認めて生かそう
——酔っぱらい将軍も用いられた

アメリカで一番尊敬されている大統領はだれでしょうか。

われる。著書に、『プロフェッショナルの条件—いかに成果をあげ、成長するか』（ダイヤモンド社、二〇〇〇年）、『マネジメント—課題・責任・実践』（ダイヤモンド社、一九七四年）、『チェンジ・リーダーの条件—みずから変化をつくりだせ！』（ダイヤモンド社、二〇〇〇年）など、多数。その思想と経営理論は、世界各国の多くの人々に、今も大きな影響を与えている。ドラッカー学会（Drucker Workshop）：http://www.drucker-ws.org/

十六代大統領のエイブラハム・リンカーンです。

一八六〇年、日本では明治維新の頃、アメリカで南北戦争がありました。北軍の将軍はグラント、南軍の将軍はリチャードでした。北軍のグラントは非常に優れた将軍でしたが、一つだけ弱点がありました。

彼は大酒飲みで、アルコール依存症だったのです。

周囲の人たちはそのことを指摘し、「なぜアルコール依存症患者を将軍にするのか」と批判しました。しかしリンカーンは「戦争に勝利するためには、彼以上の者はいないのだ」と堂々と反論したのです。リンカーンは彼の弱点を見たのではなく、長所を見ました。だからこそ、リンカーンの軍隊は常に強かったのです。

人の用い方には、二通りの方法があります。

ユリシーズ・シンプソン・グラント(Ulysses Simpson Grant)
一八二二～一八八五

南北戦争の将軍および第十八代アメリカ合衆国大統領。南北戦争では、大酒飲みではあったが、リンカーンに用いられ南軍のリー将軍を破り圧勝した将軍として有名。後に大統領職に就

長所をつかんで人を生かす方法と、短所をつかんで切り捨ててしまう方法です。

この世の中に短所がない人などいるでしょうか。

私たちは聖書的な世界観を持っています。聖書には「義人はいない。一人もいない」と書いてあります。ですから短所がないように見える人は、短所がないわけではなく、まだ明らかにされていないだけです。かえって短所が目につく人は、優れた人物である可能性が大きいのです。優れているために非難されたり、攻撃されたりする可能性があるからです。私は、短期間で人を用いようとするときには、多くの人々に非難されている人を用いようとします。なぜなら、そういう人が一番賢い人である可能性が高いからです。

教会においても、与えられている長所を認めて働く雰囲気が必要です。人にはたくさんの弱点があります。しかし、お互いの長所、強い部分を認め合いながら、

くが、汚職とスキャンダルに尽きない大統領であった。合衆国五十ドル紙幣にもグラントの肖像が採用されている。

それを用いて働けばいいのです。

私は一カ月の間に、時間を見つけては約五十冊の本を読んでいます。あるとき、アメリカに行く飛行機の中で本を読もうとあわてて買ったところ、間違って合気道の本を買ってしまいました。植芝盛平という日本人が書いた本でした。彼は合気道の大家のようです。その本によると、合気道を上手にやる方法が四つあるのだそうです。「一筋の光のように動け、雷のように飛べ、大地のように打て、中心をつかんで竜巻のように回転せよ」。よくわかりませんが、その本から理解したことは、自分の握っている強い点に集中すれば良いということでした。

若い時に自分が神様から与えられた長所、得意な分野を知りましょう。

それを用いて働くと、若い時からたくさんの栄光を見る人生を歩むことができます。サムソンの失敗を教訓として、あなたが長所を握った人生を歩み始めることを祈ります。そうすれば、今までの人生とこれからの人生は全く異なったものになることでしょう。

短所を制御せよ

もう一つの人生の秘訣は、弱点を制するということです。長所がない人はいませんが、短所がない人もいません。

サムソンの弱点は女性でした。彼は特に異性の誘惑に弱かったようです。このような男性の性質を、必ずしも罪だとは思いません。しかし、足を取られない人生を歩もうと願うとき、それはどんなにか足かせになることでしょう。

この点で、サムソンとよく似た人物がいます。ダビデです。ダビデはサウルから逃げながらも、四人の女性を妻にしました。さらにバテ・シェバの事件で大きな罪を犯し、死ぬ間際にも若い女性を抱きしめて寝ていました。このように、ダビデの生涯の弱点も、女性問題でした。

あなたは、自分の弱点が何かご存じですか。

その弱点をしっかりとコントロールすることができなければなりません。

ペテロの弱点は、せっかちで怒りやすいことでした。

ある人は、お金に対する貪欲さが弱点かもしれません。

座るとすぐ眠ってしまう。

憂うつな気質。

春になるとスランプになってしまう人。

昼も夜もスランプだと言う人もいます。

このような人は、自分の感情を治めることができなければいけません。

私の弱点は、怒ったときにすぐにそれをバーッと口に出してしまうことです。

ですから私は、怒りがわいてくると口を頑丈に閉じてしまいます。実際にそうするということではなく、そういう心で生きるということですが。とにかく人間にとって、弱点を治めるということは非常に大事なことなのです。

ですから人生は簡単です。

長所を最大限に生かして、弱点をしっかりと治める、これさえできれば、栄光ある人生を送ることができるのです。

二章　長所と短所が逆転する時

また、その啓示があまりにもすばらしいからです。そのために私は、高ぶることのないようにと、肉体に一つのとげを与えられました。それは私が高ぶることのないように、私を打つための、サタンの使いです。

このことについては、これを私から去らせてくださるようにと、三度も主に願いました。

しかし、主は、「わたしの恵みは、あなたに十分である。というのは、わたしの力は、弱さのうちに完全に現れるからである」と言われたのです。ですから、私は、キリストの力が私をおおうために、むしろ大いに喜んで私の弱さを誇りましょう。

=コリント十二・七～九

思わぬ落とし穴

目に見える弱点よりも、もっと大きな、恐ろしい弱点があります。

それは、自分が長所だと思っているものが突然弱点に変わる時です。このような時は、高慢になっているのです。

私は韓国で本をたくさん書いています。本を書く立場上、人よりも先に関心を持つことも多いのです。今は、リーダーシップについて学ぶために、中国の戦法に関する本をたくさん読んでいます。『孫子の兵法』などの本は、中国に数千年間伝わってきた知恵を集めたものです。悪魔と戦う私たちも、このような本からいろいろなことを学ぶことができるのです。

中国の兵法には、さまざまな戦い方が書かれています。敵をいかにだますか、敵が油断しているときにいかに急襲するかなどです。しかし、兵法の中の最大のクライマックスは、敵を高慢にさせることです。敵を高慢にさせることに成功すれば、勝てるというのです。つまり、人は高慢な時に一番弱いということです。

何だか聖書が語っていることと通じていませんか。

神様は「高ぶる者には敵対し、へりくだる者には恵みを注ぐ」と語っておられます。ですから、私たちの最高の長所は謙遜であり、一番の弱点は高慢なのです。ですから、長所だと思っている部分が長所として働かないことがあります。高慢になると、すべて長所は弱点に変わるからです。ですから神様の御前に謙遜な人生を送ることを知らなければなりません。特に、力あるときこそ謙遜にならなければならないのです。

二〇〇三年九月一一日、アメリカでテロ事件が起こりました。私はそのときすぐにこのような文章を書き、説教しました。

「アメリカよ。イスラム圏に復讐してはならない。ただちに赦さなければならない」

国内でもずいぶん非難されましたし、アメリカでもいろいろな命令が飛び交いました。しかし、私の発言は正しかったと今でも思っています。

「私たちの国にテロを加えた人々に対して、私たちは報復することはしない。なぜなら、あそこにいるパレスチナ難民も私たちと同じように苦しみに遭ってきたからである。しかし、テロを加えたあなたたちに聞いてみたい。あのように罪のない人々まで巻き添えにして、多くの人を殺すことが君たちの基準にかなっているのかと」

もしもジョージ・ブッシュがこのような発言をしたなら、イスラム圏の中でオサマ・ビン・ラディンを捕まえることができただろうと私は思っています。たとえそうでなくても、この発言によってアメリカは勝利したことでしょう。全世界の人々の心をつかむ強い国になることができたと思います。

強い国になるために必要なものは何でしょう。

軍事力と経済力がなければなりません。しかし、それだけでは駄目なのです。最も大切なのは道徳性です。道徳的な力ほど強い力はありません。アメリカが軍事力、経済力だけでなく、この道徳性を兼ね備えたなら、きっと無敵な国になるでしょう。しかし、ジョージ・ブッシュ大統領は、復讐という一番容易な道を選び取ってしまったのです。

アメリカはアフガニスタンにグロスミサイルを打ち込みました。グロスミサイル一発は日本円で約一億二千万円です。そして、そのミサイル一発で破壊するテント一つの値段は二十万円ぐらいだと言われています。ですから、グロスミサイルを打てば打つほど、アメリカは損をしました。二十万円のテントをつぶすために、一億二千万円のミサイルをどんどん発射したことになるからです。

このような無意味な戦争を強引に進めて行くと、世界の人々の心がどんどん離れて行きます。ヨーロッパの多くの国々は、アメリカの独善性についていろいろな批判をしています。中国の反発心も強いものです。このように、力に対して力で臨むと、それが結局弱点として機能してしまいます。

アメリカという国は今、非常に寂しい国になったと感じます。なぜなら、彼らが力ある時に謙遜になるということを知らなかったからです。力があるときこそ謙遜になるなら、その力は維持されるのです。

トゲは安全装置

コリント人への手紙第二の十二章を読むと、私は大きな感動を受けます。そこでは使徒パウロが、天国に行った体験を告白しています。私はこのみことばを読んだとき、きっとこの後には天国の様子が書かれているのだろうと思いました。ところが彼は、その詳細は語らないで、すぐに自分の肉体のトゲの話を始めるのです。

この肉体のトゲについては、目の病気だという人が多いのですが、てんかんという説もあります。もしそうだとすれば、突然発作を起こして倒れたこともあったでしょう。

「イエス様は私たちの救い主です！」

こう力強く語ったと思うと突然バタンと倒れ、回復して起き上がったかと思うと、こう叫ぶ。

「イエス様は私たちのすべての病を治してくださる方です！」

これでは皆、にやにやと笑ってこう言ったことでしょう。

「まずお前の病気を治してもらえよ」

ですから、彼にとってこの願いは切実なものでした。この肉体のトゲは、非常に伝道の妨げとなりました。このことで、顔を上げられないほど恥ずかしい思いをすることもあったでしょう。彼は、自分のためというより、福音を伝えるためにこのトゲを除いてほしいと願ったのです。しかし神様はこう答えられました。

「わたしの恵みは、あなたに十分である。というのは、わたしの力は、弱さのうちに完全に現れるからである」

ここから重要な真理を悟ることができます。神様はご自分のしもべに「イエス様を信じたらすべて思い通りになって、本当に素晴らしいよ」と大声を出して働くことを願ってはおられないのです。私たちは、ミニストリーをする中で、落ち込むことがよくあります。あなたは「もっと素敵に働きたいのに、どうして私を惨めにされるのですか」と祈ったことはありませんか。神様は私たちが、弱さの中で働くことを願っておられるのです。

聖書の本文はさらに、なぜ肉体にトゲがあるのかについて語っています。高慢にならず、謙遜に働くためです。

高慢になっている時こそ、実は一番弱いからです。

自分自身の肉体にトゲが与えられている方もおられることでしょう。「なぜこんなに祈っているのになくならないのか」と思う方もいらっしゃると思います。そのトゲは、あなたを謙遜にさせる安全装置なのです。私はこのことを悟ってからは、自分の弱さについてあまり不平を言わなくなりました。神様は私たちを強めて用いることもありますが、弱い姿のままで用いる方でもあるということを覚えてください。ですから、「自分は弱いから用いられない」とは決して言わないでください。弱いからこそ、神様のみわざがあなたを通して起こされるのです。

コンディションどおりには働かない

私は、日曜日に全部で六回説教の奉仕をするため、だいたい十時間ぐらい講壇に立っていることになります。さらに毎朝三時には、早天祈祷のために起きています。ですから月曜日に講義を依頼されると非常につらい時があります。しかしその時、後ろの方に下がって、こう祈ります。

「神様、今日の集会がどうなっても私の責任ではありません。私も人間だということをあなたはご存じですよね。今日は、もう無理です」

そして体を引きずるようにして講壇に立って、力無く説教を始めます。小さな目がますます小さくなって、眠そうな顔で話をします。しかし、不思議なことが起こるのです。座っている人々に聖霊が波打って、ある人は悔い改めの祈りを始めます。その時、力の偉大さは私にあるのではなく、神様にあるのだということを悟りました。私のコンディションは最悪でも、神様はそこで最高のことをされたのです。

逆の経験もあります。私は独身時代、常に力が有り余っていました。夜も寝ないで町の中を走り回ったり、腕立て伏せを二百回ぐらいしました。それでも動き足りない私を見て、母がサンドバッグを買ってくれました。大学を卒業するまでに、これを二回突き破りました。

何を言いたいかというと、とにかく私の基礎体力は尋常ではなかったということです。ですから、少し休めば力がみなぎってくるのです。そのため月曜日も体調は万全で、一刻も早く説教がしたいと思っていました。そのような心で講壇に立って説教を始め、聴衆の様子を見ると、死んだような顔をして聞いているのです。自分のコンディションが良いときの反応とは、そういうものなのです。全然恵みがありません。そのとき、私は悟るのです。力の偉大さは私にあるのではなくて、神様にあるのだと。

それを悟ってから、私はこのように考えています。

「コンディションどおりには働かない」

多くの人は自分のコンディションが良いときは良くでき、悪いときはうまくできないと考えます。しかし、私に関しては、その法則は全く当てはまらないのです。どこかの集会に呼ばれると、こう聞かれます。

「コンディションはいかがですか?」

すると私は答えます。

「もうコンディションは関係ないからね」

神様が上から注いでくださるからみわざが起こるのであって、私のコンディションは全く関係ないのです。波のない信仰生活を送るために大事なことはこれです。自分の気分に左右されて働こうとせずに、神様の御力によって働いてください。あなたが弱い時こそ、神のみわざが起こる時なのです。謙遜に歩んでいくなら、あなたの弱さが長所になるのです。ですから、力があろうとなかろうと、私たちは主だけを頼っていく存在なのです。

弱点から生まれた強さ

ある学生に、私の特徴を聞いてみました。すると二つの特徴を言ってくれました。一つは「リーダシップがある」、二つ目は「自信に満ちている」ということでした。

なぜ、人をぐいぐい引っ張り、自信に満ちた人生を私は歩んでいるのだろうか。そう考えたとき、この二つは私の弱点に基礎を置いているということを悟ったのです。私が人を引っ張っていく性格になったのには理由があります。

それは顔が不細工だったということです。

私の中高生時代は非常に悲惨でした。あるとき私の妻と二人の娘は、私の中高生時代のアルバムを見て、笑ったことがあります。上の娘は「これ人間？」と言って笑っているのです。私が見ても本当にひどい写真でした。つまり、私は外見に強い劣等感があったのです。目がもっと大きければいいのにと思っていました。髪の毛も別に引き抜いたわけではありません。ですから大学で、いわゆる合コンというものに一回も行ったことがありません。なぜなら、女性に選ばれる自信が全くなかったからです。行ったら惨めな思いをするに決まっているからです。私がイエス様を信じなかったら、非常に惨めな人生を送っていたと思います。

しかし、聖霊が私の中に入って来られたことによって、考えが変わりました。世が私を選んでくれないのなら、私が世を選ぼうと考えたのです。

それからというもの、学校の後輩たちが私に良くしてくれるようになりました。なぜなら、私が後輩たちをまず選んで、彼らに良くしてあげたからです。良くしてあげるのは私の性格です。大学で中間試験があるときには、その模範解答のようなものを作り、それをコピーして彼らに配りました。まず受けようとしないで、自分から与えてみてください。それが人を引っ張っていく性格になる秘訣です。世が自分を選んでくれないときには、そのように自分から行動していく余地があるのです。

韓国には非常にかっこいい男性タレントたちがたくさんいます。彼らを見て私はこう思います。「こういう人たちの中に、人を引っ張っていく性格になる人はいない」。なぜなら黙っていても女性たちがついてくるからです。ですからこの美男子たちは受身的な性格なのです。来る人を受け付けるだけで精一杯なので、積極的になる必要がないのです。

偉大な人物は、険しい環境の中から生まれるのです。弱点を主にゆだねてください。大きなみわざが起こります。

二つ目の私の特徴は「自信」です。私は視力は悪いのですが、身長は一八一センチメートルあります。中高生時代の座席はだいたい背の順ですから、いつも後ろに座らされました。すると黒板が見えません。中高六年間、私は黒板の字を一回も見ることができなかったのです。

黒板を見るためには二つの方法があります。まず、メガネの度数を上げることです。しかし、私の中高生時代には、レンズを圧縮する技術がまだ発達していませんでした。ですから私の視力に合わせてレンズを作ろうとしたら、重くてすぐにずり落ちてしまいます。もう一つの方法は、先生にお願いして、前の方に座らせてもらうことです。しかし、こんなに背が高いのに前の方に行くなんて死んでも嫌でした。

ですから六年間、黒板を見ないで勉強をしようと決めました。

私がノートを検査する先生が一番嫌いだった理由は、授業中ノートを取ったことがないからです。大学生のときには、先生の講義を全部メモしました。黒板を写すのではなく、話していることをメモして全部覚えたのです。私は勉強ができない方ではありませんでした。それは、成績を維持するためにこのように必死に頑張ったからです。他のみんなは、黒板を写して息をつきながら勉強していましたが、私にはそのような余裕はありませんでした。

ですから中高生時代、私は生きることがつらく、自殺の誘惑によく駆られました。イエス様を信じていなかったら、自殺していたかもしれません。朝、目覚めた時に感じるものは、喜びではなく苦しみでした。

聖書を読むと自殺は罪だと書いてあったので、合法的に死ぬ方法を考えました。

そして出した結論が「殉教」でした。私の祖父は殉教者です。日本に支配され、神社参拝が強制されていた時代に、私の祖父はそれを拒み、牢屋に入れられ、拷問に遭い、殉教しました。

私は幼い時から、そのような話をたくさん聞いて育ちました。そのため、小さい時から「夢は殉教です」と答えていました。ヤクザが街で暴れていると、たいていの人は逃げ出すでしょう。しかし、中高生時代の私は、自分に関係がなくても、ヤクザがたくさんいればいるほど、飛び出して行ったものです。

「なぜ、弱い者をいじめるのか。主イエスを信じなさい、そうすればあなたと、あなたの家族も救われるのです！」

私があまりにも自信満々に言うので、彼らは私のこともヤクザだと思ったようで、こう言われました。

「同族同志は戦わないようにしよう」

私が恐れずにヤクザのいるところに飛び込んで行ったのは、実は死にたかったからでした。しかしそれが、自分の気質になってしまったようです。

このように、今私が自信に満ちて人を引っ張っているように見えるのは、長所からではなく、短所から生まれたものです。顔が不細工であるという弱点、視力が弱いという弱点、死にたいと思っていた弱点、これが主の御手に捕らえられたとき、変化したのです。この弱点が私の人生の一番大事な武器となってくれました。

イエス様が私たちの望みです。神様が私たち一人一人に弱点を下さっています。それを主の御前にささげて、栄光ある人生のために用いなければなりません。聖徒にあって弱点は、弱点のままで留まっていることはないのです。それは私たちをへりくだらせ、かえって大きな力の通路となります。弱点すら主にゆだねていくと、それはいつの間にか強いものとして機能し始めるのです。ですから、私たちクリスチャンは「すべてのことは相働いて益となる」という約束をいただいた者たちです。

三章　ありのままの姿で

サムソンはティムナに下って行ったとき、ペリシテ人の娘でティムナにいるひとりの女を見た。

彼は帰ったとき、父と母に告げて言った。「私はティムナで、ある女を見ました。ペリシテ人の娘です。今、あの女をめとって、私の妻にしてください。」

すると、父と母は彼に言った。「あなたの身内の娘たちのうちに、または、私の民全体のうちに、女がひとりもいないというのか。割礼を受けていないペリシテ人のうちから、妻を迎えるとは。」サムソンは父に言った。「あの女を私にもらってください。あの女が私の気に入ったのですから。」

士師記十四・一〜三

聖書を見てみると、神様が選んだ器であるサムソンが異邦人の女性と結婚してしまう場面が出てきます。どんなに立派に見える人も罪を犯してしまうことを覚えてください。まして、私やあなたが罪を犯さないということがあり得るでしょうか。すべての人は罪の性質を持ち、問題を抱えているのです。

使徒パウロのような人には、問題や葛藤がなかったのではないかと私たちは考えます。しかしローマ人への手紙七章を見ると、使徒パウロのような人であっても、実際は非常に葛藤があったことがわかります。

「私には、自分のしていることがわかりません。私は自分がしたいと思うこと

をしているのではなく、自分が憎むことを行っているからです」（ローマ七・十五）

ですからすべての人は神様の御前で罪人だということを、認めなければなりません。

誰も見ていない時、どう御前に出るか

シカゴの郊外にあるウィロークリーク教会の主任牧師、ビル・ハイベルズ師が、『誰も見ていない時、あなたは誰か（原題 "Who You Are When No One's Looking"）』という小冊子を出版しました。このことばはもともと、D・L・ムーディが語ったことばです。ムーディは人格をこのように定義しました。

「誰も見ていないときに、どう振る舞っているか」

私は日本に来ると安心します。なぜなら、私を知っている人があまりいないか

らです。しかし韓国にいると、市場に行くのも大変です。なぜなら、私を見て「お金はいりません」と言う方がたくさんいるからです。先日バンクーバーに行くために、飛行機に十二時間乗りました。飛行機を降りて荷物を探していると、一人の女性がやって来てこう言いました。

「この十二時間、飛行機の中で先生をずっと見ていましたけれど、先生はトイレに二回行かれましたね」

何と飛行機の中でトイレに行く回数を数えている人がいたのです。これでは自由がありません。ついつい人に良く見せようとするときもあります。そうなると、朝起きた時からサミル教会の主任牧師として生きなければなりません。外に出る時もサミル教会の主任牧師として歩かなければなりません。家に帰ると、長女までが「牧師先生が戻られました」と言うのです。

ですから祈る時も錯覚して、ついこう言ってしまいそうになります。

「神様、サミル教会の主任牧師ジョン・ビョンウクが来ました」

「お前はわたしの前でも牧師なのか」という声が何となく聞こえてきそうです。

人はいつ疲れるかというと、外面だけで何となく生きようとする時です。逆に、安息を得る時はどんな時かというと、神様の前に罪人として立つ時です。

神様の前に一人の人間として立つ時です。

神様の前で「神様、もうだめです。もうめちゃくちゃです」と祈るときもあります。しかし、ありのままの姿で神様の御前に出るとき、かえっていやしを経験するのです。

ダビデは神様が大好きな人でした。なぜなら、彼は王であるにもかかわらず、実に人間味あふれる姿で生きたからです。詩篇を見ると、「ダビデの詩」と書いていなければ、王が書いたのか、兵士が書いたのか分からないような詩が数多くあります。例えば「私は幼子のようで、神様が助けてくれなかったら死んでしまいます」と彼は言っています。だいたい、王様が悔い改めるときには、かっこよく悔い改めをするものです。ひざまずいて、「おぉ神、主よ」とマントを解き、ふわっと投げるようなイメージです。

しかし、ダビデは違いました。ナタンがやって来て、「あなたが罪を犯したその張本人です」と言ったとき、ダビデはその場で膝をかがめます。そして王ではなく、罪人の姿で悔い改めるのです。

神様はその姿を喜ばれたのです。

韓国にも権威意識というものがあります。このために正直な姿で神様の前に出られないのです。人目を気にして、仮面を被って出ていくのです。このような人は真の変化を体験することができません。

私たちの教会では礼拝に感動があり、礼拝の中で人が変わっていくのをよく見ます。理由は、神様の御前に一人の人間として出ることを強調しているからです。韓国でネクタイをきっちり締めた五十歳過ぎの人が、自分の感情を表現するということは、とても難しいことです。悲しくても悲しい顔をしない、そのような社会に生きてきた人が、礼拝中に涙を流しているのです。他の人もひざまずいて涙を流しています。ああ、この人たちは幼子として御前に出ているなぁと感じます。すべての聖徒がこのようにありのままの姿で御前に出るとき、礼拝に感動が臨みます。

「医者を必要とするのは丈夫な者ではなく、病人です。わたしは正しい人を招くためではなく、罪人を招くために来たのです」（マルコ二・一七）

このイエス様のことばのように、私たちは神様の御前に罪人として、病んでいる者として出なければなりません。仮面を脱ぎ捨てた姿で御前に出るとき、いやしが臨みます。

私は時々こう思います。

「なぜ愛であられる神様が、ご自身の民に苦しみを与えるのか」

それは、その苦しみを通して、私たちは神様の御前に正直に、幼子のように立つことができるからです。苦しみには、そのような力があります。私たちの信仰が大きく成長するときは、苦しみがあるときでしょうか、それとも楽なときでしょうか。

何でも思い通りに行くときにたくさん祈るという人を、私はあまり見たことがありません。子どもたちはしっかり勉強をして、夫も金をがっぽり稼いで、もう生きるのが楽しくてしょうがない。それに加えて、久しぶりに宝くじを買ったら、十億円が当たった！　このような人が「神様、何でこんなに祝福を下さるのですか。不公平です」と祈るでしょうか。

そういう人は堕落して行くのが普通です。

しかし、あるとき、その人の上に苦しみが臨みます。自分の力だけでは世の中うまくいかない、ということをその時悟るのです。そして神様の前にへりくだって出て行きます。

サミル教会の多くの青年が変わっていくのを見ていますが、説教を通して変わるより、苦しみを通して変わっていく青年の方がずっと多いのです。私としては自尊心が傷つきますが、これが事実です。苦しみの方がずっと多くのみわざを行います。

韓国では、美形の女性で熱心に祈る人はあまりいません。昼も夜も鏡を見て自己満足に陥っているからです。しかし、自分の顔を見て鏡を壊してしまいたいと思う女性は熱心に祈ります。自分の力ではお嫁に行けないと知っているからでしょう。自分の力でこの険しい人生を乗り切ることはできない、そういう人が祈るのです。

それはむしろ神様の祝福ではないでしょうか。

ですから、神様から頂くべき祝福の第一のものは「苦しみ」です。

苦しみを通して恵みが何であるかを深く悟るのです。私が変わってきたのは、苦しみを通して神様に取り扱われたからです。

四章　黙想の力

こうして、サムソンは彼の父母とともに、ティムナに下って行き、ティムナのぶどう畑にやって来た。見よ。一頭の若い獅子がほえたけりながら彼に向かって来た。
このとき、主の霊が激しく彼の上に下って、彼は、まるで子やぎを引き裂くように、それを引き裂いた。彼はその手に何も持っていなかった。サムソンは自分のしたことを父にも母にも言わなかった。

士師記十四・五～六

この世で生きていくときに、突然やって来る苦しみがあります。

聖書を見ると、サムソンがティムナの美しい女性を自分の妻にしようとして下って行きました。しかしその時、ぶどう畑から獅子が出現します。私たちは、イスラエルに暮らしていませんから、ぶどう畑から獅子がやって来ることが変だとはあまり思いません。

しかし、ライオンの生息場所は、一般的にぶどう畑ではありません。ライオンはぶどうを食べているわけではないからです。ですから、ぶどう畑からライオンはまず出て来ないはずです。そのように、私たちの人生においても、考えてもみなかったとんでもないことに出会うことがあります。

私たちの人生にライオンが出てくることがあるのです。

例えば、教会員の中で、急にがんの宣告を受けた人がいます。また、不渡りが出るなんて一度も考えたことのない人が、事業を熱心にやっていたら急に不渡りが出たとか。かわいい子どもを交通事故で失うとか。両親は、自分の子どもが自分より先に死ぬなどとは考えもしません。しかし、人生の中で突然このようにライオンが現れるのです。このようなときに、すべきことは何でしょうか。

それは「黙想」です。

神様のみことばを握って、深い黙想に至らなければなりません。

しかし、サムソンには問題がありました。ぶどう畑からライオンが出てきても、彼はその意味を少しも黙想して神様のメッセージに耳を傾けようとはしませんでした。それゆえ、神様のみこころを悟る機会を逃してしまいます。では、黙想の力とはどのようなものなのでしょうか。

みことばが効果を発揮するために

「黙想」を英語で、メディテーション（Meditation）と言います。その語源は「薬」という意味のメディスン（Medicine）と関係あります。

例えば、腹痛の人がいるとします。ここに胃腸薬があったとしても、これを握っているだけでは良くなりません。何かを食べて、その薬を飲んだ後、この薬の効果が初めて発揮されるのです。

みことばも同じです。みことばを飲んで、それが溶けて内側で効果を発揮しなければならないのです。ですから人生というのは、このみことばをいかに内側で黙想して溶かしているか、それにかかっているのです。

神様のみことばをよく黙想した代表人物が、イエス様の母マリヤです。マリヤは「あなたはやがて救い主を産むことになるでしょう」という御声を聞きます。聖書を見ると、彼女は、そのことばを「思いめぐらした」とあります。つまり、黙想したということです。

ヨシュア記十四章にカレブという人物が出てきます。カナンの地を征服する時、攻略が難しいヘブロンの山地という場所がありました。すべての若者が、このヘブロン山に登って行くことを恐れました。しかし、八五歳を過ぎたカレブは「私が行く」と言ったのです。カレブがそう言ったのには根拠がありました。ヨシュア記十四章十二節を見ると、カレブは「この山地を私に下さい。四十五年前に主がお語りになりましたから」と言っています。そして、その地を征服します。私はカレブの力はここにあったと考えます。四十五年前に聞いた主の御声を、ずっと黙想していたのです。

ですから私は若者たちにみことばを語ることが喜びです。なぜなら、一歳でも若い時にみことばを聞くことによって、それをより深く、長く黙想できるからです。そして、それが力になるからです。

一年間に、およそ二百組ぐらいのカップルが、私たちの教会で結婚します。ですから年間に生まれる赤ちゃんもどれほど多いことでしょうか。その子どもたちが一歳の誕生日の時に、私は礼拝を導き、説教をします。そして、十年後に「あなたの一歳の誕生日に私が語ったみことばは何だったかな」と聞こうと思っているのです。十歳の誕生日で、その子が語られたみことばを言うことができたら、その家は名門の家庭でしょう。しかし「何でしたっけ。忘れてしまいました」と言う子どもの家庭は普通の家庭なのです。

ですから、信仰に立っている家庭かどうかは、長い間みことばを蓄えているかによるのです。

私たちの教会には、十年前に語ったみことばを覚えている兄弟がいます。ある人は五年前に語ったみことばを覚えています。みことばに対する黙想があるという証拠です。ですから勝利することができるのです。

黙想と科学

イエス様を信じるということはどういうことでしょうか。

ひたすらに、がむしゃらに走り回るのではなく、黙想しながら進んで行くということです。イエス様を信じない多くの人たちは自然を見て驚き、これを神格化します。ですから大きな石があると、その石を拝み、大きな木があると、それを拝みます。バビロンの人々は天にある星を眺めて、これを拝みました。韓国でもある人々は、陰暦で結婚や様々なことをする日にちを定めたりもします。「世を治めよ」と主は言われたのに、世に支配されているのです。自然を支配するのではなくて、自然に支配されてしまっています。神様を信じる民は自然を研究の対象、支配する対象として見ます。それがキリスト教精神です。

例えば、共産圏である事件が起こったとしましょう。未信者の人々は、そこでシャーマンのような人を呼んで祈ります。しかしそれは正しくありません。イエス様を信じる人は別の方法を取ります。まず、神様に助けを求める祈りをします。しかし、祈りだけで終わるのは偏った信仰です。

その後に、黙想がなければいけません。

なぜ、事故が起こったのか、この事件に対する神様のみこころは何であるのかを求めるのです。ですから「祈り」と「やるべきことをやる」この二つがあって初めて良い信仰となるのです。

申命記二二章八節に「新しい家を建てるときは、屋上に手すりをつけなさい。万一、だれかがそこから落ちても、あなたの家は血の罪を負うことがないために」というみことばがあります。これが信仰です。神様の助けを求めるのがまず第一、そして第二に事故が起こらないように手すりをしっかり作ることが大切です。

日本にも韓国にも台風がよく来ます。ですから、台風が来てもいちいち驚きません。自然現象を研究して、六月から七月に台風が来るということが分かっているからです。また、三月になっても、寒い日が続くことがよくあります。しかし、分厚いコートをいちいち引っ張り出す人はあまりいないでしょう。寒いときには薄い服を何枚か重ね着するだけでよいのです。なぜなら、すぐに暖かくなることを知っているからです。

これがイエス様を信じる精神です。

本来、イエス様を信じれば信じるほど科学的になっていきます。この科学的ということばの意味は、同じ失敗を繰り返さないという意味です。イエス様を信じる人は偶然に支配される人生を送りません。起こった出来事を研究します。

サミル教会を牧会して十年たちましたが、五年前より、今のほうがずっと牧会をしっかりやっていると思います。なぜなら、その間にいろいろな試行錯誤があったからです。

人間は弱さえゆえに失敗します。

しかし、私たちは失敗を通して学ばなければなりません。なぜなら、それが信仰者の姿勢だからです。例えば、プロジェクターで歌詞を写すとき、一回ぐらいの間違いは誰にでもあります。それは人間ですから仕方がありません。しかし、同じ箇所を何十回も間違えたら、これは異邦人です。同じ失敗を繰り返す、これは神様のみこころにかなっていないことです。

黙想とは、みこころを悟り、軌道修正をするということです。神様の恵みの中で成長することです。神様は苦しみを通して、私たちの弱点を覆ってくださる方です。私はすべての韓国人を黙想する人に造り上げていく、そういう夢を持っています。日本のクリスチャンの方々も黙想する信徒になるようにお祈りいたします。黙想する人が多くいれば、世界をひっくり返すことができます。すべての生き物の中で人間だけが持っている能力は、この黙想の能力です。

社会制度を変える偉大な影響力

黙想する人が合わせ持っているもう一つの力は、制度化することです。一人で悟ることは一次的なものに過ぎません。多くの人がその悟りを共有していけるようにするのが制度化です。サムソンの決定的な弱点は何かというと、自分に与えられた力を制度化しなかったことです。サムソンは死ぬ時まで一人で走りました。士師であるのにもかかわらず、社会制度を作っていくことを怠ったのです。ですから、浮かんでは消えていく泡のような人物になりました。死んで残したものは何一つありません。それは制度化することを怠ったからです。

私たちの教会で数年前、年間の標語として「above of all power」を掲げたことがあります。「すべての権威の上に立つ、一番偉大な権勢を持っておられるイエス様」が主題です。福音には社会を治める力、政治を超える力があります。社会のすべての制度を超える偉大な力がそこにあるのです。

教会が犯す一番大きな罪は、福音を縮小してしまうことです。

「映画に興味を持ってはいけない」

「大衆音楽を聞いてはいけない」

「サッカーを応援してはいけない」

このような制限を教会がしてしまうことです。神様の福音は世のすべてのものを統治できるのです。

韓国では、皆が道に出てサッカーを応援しています。教会の中でも応援します。教会で最初にサッカーの応援を始めたのは、私たちの教会でした。すると修道女の方々から、「教会でなぜそんなことをしているのか」と抗議の電話が来ました。私は彼女たちに「人を集めてプロジェクターで写せば、みんなでサッカーを楽しめるでしょう」と答えました。すると、その修道女の方々が私たちの教会に集まって来て、一緒に応援を始めたのです。

また、最近サミル教会では「チャドル」という有名な歌謡曲をパロディーにしたものが非常にはやっています。未信者を集めて伝道するとき、このようなものがパワーを発揮するのです。なぜなら、メロディーを皆よく知っているからです。歌詞も知っているので、変えている部分が分かって面白いのです。人々はそれによって心を開き、そこに福音が語られると、素直に心に入っていくのです。はやっているすべての良い歌を、キリスト教的にパロディにしてしまう、これは大きな力です。このように、世の中の基準を握って、キリスト教的に変えていくことが教会の使命です。

アメリカはピューリタンの国だとよく言われています。しかし、情けない一面もあるのをご存じでしょうか。ＵＣＬＡというアメリカの大学は、日曜日に卒業式を行います。なぜなら、その大学はユダヤ人によって建てられた大学だからです。基準を奪われているのです。

ニューヨークには非常に高いビルがたくさんあります。聞くところによると、日本人がそのようなビルすべてを買い占めたそうですが、投資に失敗して結局全部売ってしまったそうです。今それらを誰が所有しているかご存じですか？　実は、ほとんどのビルの所有者はユダヤ人なのです。彼らはビルを購入してから、必ずすることがあります。それは土曜日には絶対に門を開けないということです。ですからそのビルは、土曜日も日曜日も休まなくてはなりません。一パーセントに満たないユダヤ人たちが、そのように基準を握っているのです。

アメリカのカレンダーを見たことがありますか。そのカレンダーにはユダヤ人の休日が記されています。日本のカレンダーに韓国の休日が記されているのを想像できますか。韓国のカレンダーに日本の天皇の誕生日が記されているなんて考えられないでしょう。しかし、アメリカのカレンダーにはユダヤ人の休日が存在するのです。

私は不思議に思って理由を聞いてました。

「カレンダーにユダヤ人の休日が記されていないと、ユダヤ人が受け取らない」

と言うのです。ですから、万人向けのカレンダーであっても、ユダヤ人の休日を記すのです。ユダヤ人の成功の秘訣は、基準を握るという所にあります。

イエス様を信じる私たちも、基準を握ることを目指さなければなりません。

ユダヤ人の休日

ヘブライ語でシャバット(安息日)と呼ばれるユダヤ人の休日は、毎週金曜日の日没から土曜日の日没まで。ユダヤ人が経営する店、役所、レストラン、娯楽施設、公共交通などは、原則として休みとなる。米国在住のユダヤ人総数は約六百万人と言われ、これはイスラエルのユダヤ人人口よりも多い。ニューヨークはとりわけユダヤ人人口比率の高い都市として知られている。

例えば、昔はベータ方式というビデオがありました。それは技術的に見るとVHSよりも優れていたのですが、ソニーは失敗しました。基準を握り損なうことによって、大きな損害を受けたのです。問題は技術的なことではなく、基準を握り損ねたことです。

ですから私たちクリスチャンが、世に出ていくときにすべきことは、基準を握ることです。いわゆる霊的戦いというのは、悪魔と私たちの基準の取り合いなのです。ですから、私たちは数字にとらわれるのではなく、世の中の基準を握ることに戦いの照準を合わせなければなりません。

私たちの教会から、一年間で二十人から三十人が司法試験に合格します。私はその合格者たちに、検察官になることを勧めています。「検察官になって神様のみことば

ベータ方式ビデオ

VHSとともに本格的家庭用規格として、ソニーを規格主幹として販売されたカセット型ビデオテープレコーダー（VTR）。カセットがVHSより小さく機能的には優れていたものの、熾烈な販売競争でシェアを拡大できず二〇〇二年八月に、ソニーも生産を終了し市場から姿を消した。機構的に優れていたが量産や低価格化には不向きであったことが理由と言われる。「技術的に優れているものが普及するとは限らない例」としてよく用いられる。

を基準にせよ」と語っています。

すでにその世界に入って、非常に強い酒をなくす法律を作った人がいます。

また、法曹界に信仰者の集いを作ったのです。

すでに済州島の法曹界は、キリスト教的な雰囲気に変わり始めています。

五名ほどの信仰を持った青年たちによって、基準が変わり始めたのです。十年、二十年後には、韓国の法曹界全体がキリスト教的に変わると信じています。

黙想した人が世に出ていくとはこういうことなのです。

私はどれほど疲れていても、本を一生懸命書くことは怠けません。なぜなら、それが基準になっているからです。新聞記者たちが、サミル教会での説教の内容を記事にすることがあります。私はそのことを喜んでいます。彼らは牧師の価値基準を新聞記事にしているのです。

このようにして基準を握っていくのです。

基準を握った人間が、結局世の中を支配するようになるからです。

イザヤ書あるいはエレミヤ書を見てください。イスラエルの民が捕囚される直前の時期の話です。エレミヤは、その当時の人々を主の前に立ち返らせることに照準を合わせているのではなく、未来に立ち返るその時に基準を立てようとしたのです。彼の焦点は未来にありました。

「今、滅びるのは仕方がない。しかし、最後まで基準だけは残しておこう」

エレミヤとはそのような預言者です。ダニエル書九章二節を見ると、ダニエルはエレミヤ書を読んで、みことばから基準を発見し、その基準に立ち返ります。そしてリバイバルが起こったのです。ですから基準がある民族は強い民族です。特に、神様のみことばが基準となっている民族は本当に強い民族です。教会が世にあってなすべき仕事は、このように基準を建て上げ、世に影響を与えていくことです。

神学的に、根本主義（Fundamenlism）と、福音主義（Evangelism）の違いを論じるときがあります。根本主義も福音主義も、みことばを徹底的に信じるという点では共通しています。根本主義は教会の枠の中だけに留まろうとする傾向があります。一方、福音主義は世の中に入って行かなければいけないという所に強調点を置きます。

日本のキリスト教も世の中に入って行く方向に強調点を置かなければいけないと思います。たとえ難しくても、迫害があっても世の中に入って行かなければいけません。あなたが世の中の基準を変える勝利者となることを信じます。

以前、このような質問をされたことがあります。

「クリスチャンは、日曜日に礼拝をささげることができないとしても就職すべきですか?」

この世の職業の中には、日曜日に働かなければならない飛行機の乗務員もいます。私はもちろん、「職業を持ちなさい」と言います。私たちクリスチャンは、罪でないことは全部するべきです。

詐欺まがいのキャッチセールスや風俗業などは良くありません。そのような明らかに罪であることを除いては全部すべきです。そしてそれぞれの現場の中で、クリスチャンとして光の役割を果たさなければなりません。私たちの教会の信徒の中にアシアナ航空の乗務員たちがいますが、彼らは職場で多くのリバイバルを起こしています。彼女たちは飛行機から降りると、その場に集まって、すぐに礼拝をささげる運動を始めました。飛行機の中でも福音を伝え、説教テープを聞きながら礼拝をする人たちが、そこで起こされてきています。

現場にいるからこそ、そこでの影響力を持てるのです。

イエス様を信じる人には三つのI《アイ》が必要です。「自分は何者か」(Identity)「世の中への積極的な参加」(Involvement)「世の中への影響力」(Influence)。全部Iで始まる英単語です。

教会はこの三つのIを持つ人材を輩出していく場所です。自分自身が神様の光の存在であるというアイデンティティを持ち、世の中に入って行かなければなりません。そこで強力な影響力を持つ人になること、それが世の中を変えるキリスト者の姿です。

「クリスチャンは酒場に行くべきですか?」

このように質問する人がいます。

私は、クリスチャンであっても酒場に行くべきだと思います。そこで、堂々とコーラやサイダーを注文すべきです。一般的には、最初はお酒を飲み、二次会では女性のいる場所に行こうとします。しかし、そこでクリスチャンが影響力を発揮するのです。女性がいるような所ではなく、カラオケに行って歌う方向に導くのです。そしてそこで教会で歌うような福音的な歌を歌うのです。酔っ払っているわけですから、英語の歌詞などよくわからないでしょう。何の歌かと聞かれたら、「新しいポップソングだよ」と教えてあげたらいいのです。

そのようにして、彼らの雰囲気をそこで変えていくのです。

さて、それではたばこを吸う人の近くに行くべきでしょうか。

韓国の職場はたばこを吸う人にとって、肩身の狭い環境になってきています。制限された狭い所や、屋上でたばこを吸っているような人と話すためには、その人のあとについて行くべきです。その時私はガムを持って行きます。彼がタバコを吸っている間、私はガムをかみながら「最近たばこの値段高いですよね。ガムも結構高くなってきたんですよ」と話しかけます。そして「生きていくのはつらいですよね」などと言いながら一緒に時間を過ごすのです。自分の人生の苦しみを分かち合ってくれる時というのは、事務室にいる時ではなく、そのように屋上にいる時です。だんだん話が深くなっていくと「男ってつらいよね。実は俺、妻と別居中なんだよ。もうここから飛び降りたいよ」と打ち明けてくれます。そこでガムをかみながら、「いいこと、教えてあげようか」と言います。そして女性の所へ行こうよと言って女子大学へ連れて行きます（サミル教会は女子大学で礼拝を行っている）。こうやって世の中に入っていく時、このような体験ができるのです。

サミル宣教チームの青年たちは宣教地において、たとえその国の言葉がうまく話せなくても、一生懸命その国の人たちと混じって友達になろうとします。そのようなチャレンジ精神が大事なのです。分からなくてもぶつかれば通じるものがあります。クリスチャンは、そういう精神を持って世の中に入って行かなければなりません。

神様が私の味方なのに、誰が敵対できるでしょう。

私たちはどんな山地であっても神の御力で変えることができます。そのようなクリスチャンの野性を持つことを願います。初代教会の時から始まったキリスト教の伝統とは、迫害を受けながら死んでいくことです。十五世紀、十六世紀に、日本でも多くのクリスチャンが殉教しました。教会史の中に、このような素晴らしい伝統があるのです。私たちがそのような力を持って世に出ていくなら、二十年、三十年のうちに日本にものすごいリバイバルが起こると信じています。あなたも一つの時代を変えていく霊的な土台となってください。

世の中には願っていない苦しみというものがあります。その時、黙想してください。徹底的に黙想してください。なぜなら、その黙想をとおして私が霊性の人、専門家に造り上げられるからです。そして、基準を握って世の中に出て行ってください。

次に、あなたが良いと思うみことばをすべて制度化していってください。それによって、キリストの力強い影響力を発揮してください。その時、福音の力があなたを通して働き、世の中を変えることができるでしょう。これまで、そのようにしてイギリスを始め、ヨーロッパが変わってきました。韓国社会も、今変わっている中にあります。日本もそのようにキリストの力を通して変わっていくことを願います。

五章　基本を崩そうとする悪魔

しばらくたって、小麦の刈り入れの時に、サムソンは一匹の子やぎを持って自分の妻をたずね、「私の妻の部屋に入りたい」と言ったが、彼女の父は、入らせなかった。

彼女の父は言った。「私は、あなたがほんとうにあの娘をきらったものと思って、あれをあなたの客のひとりにやりました。あれの妹のほうが、あれよりもきれいではありませんか。どうぞ、あれの代わりに妹をあなたのものとしてください。」

すると、サムソンは彼らに言った。「今度、私がペリシテ人に害を加えても、私には何の罪もない。」
士師記一五・一〜三

イエス様を信じている人と、そうでない人の外見はあまり変わりません。

似たような顔をしていますし、似たような家に住んでいます。しかし、少し奥深く入っていくと、決定的な違いがあることに気づきます。

それは価値観の違いです。

世界を見る目の違いです。

ですからボンヘッファーという人はこう言いました。

「キリスト者とはキリストのまなざしで、世の中を見る

ディートリッヒ・ボンヘッファー(Dietrich Bonhoeffer)
一九〇六〜一九四五

ドイツのルター派(福音ルーテル派)の牧師。二十世紀を代表するキリスト教神学者の一人。第二次世界大戦中に、ヒトラー暗殺計画に加担。ボンヘッファーの役割は、グループの精神的支え、連合国側への情報提供、和平交渉などであった。

ことのできる人です」

世の中が考えている幸福感と、聖書の言っている幸福感は違うのです。

価値観の衝突――基本に立ち返る

ティムナの女性は、きっと顔立ちや体つきが非常に魅力的だったに違いありません。

私は教会にいる女性が、どうして世の中の女性に比べて、あまり綺麗ではないのかと、ふと考えてみました。そして、それは私たちが外見にあまり神経を使わないからだということが分かりました。神様が与えてくださった豊かさがあるから、外見はどう見られてもいいと思っているのです。

しかし、イエス様を信じない女性たちは、自分の顔以外に勝負をかける所がないので、そこにすべてをかけます。このように私たちの価値観が、外面にまで影

ユダヤ人の亡命を援助したかどで逮捕された後も、限られた条件の中で著述を続ける。一九四五年四月九日、フロッセンビュルク（現ポーランド領）の収容所で刑死。

響を及ぼしていることがわかります。

サムソンはティムナの女性が好きで結婚しましたが、結婚式当日から価値観の衝突が起こりました。ペリシテ人の伝統では、このような時になぞなぞを出すようです。サムソンが出したなぞなぞを、彼らは解くことができませんでした。ですから、彼らはサムソンの妻を脅してなぞを解こうとしました。そしてサムソンは結婚して一週間もたたぬ間に、怒って家に帰ってしまいました。韓国の男たちも、頭に来ると家に帰ってしまうことがよくあります。しかしクリスチャンの男性は、その後にすぐ後悔して、家に戻り、妻と和解します。

ところが、サムソンの義理のお父さんは全然違う考えを持っていたようです。サムソンが怒って家に帰ってしまったので、もう娘との関係は終わったと思ったようです。そして娘をサムソンの友だちにあげてしまったのです。私たちの常識ではちょっと理解できません。当時のペリシテ人にとって、結婚式とは形式に過ぎないものでした。今日Aさんと結婚しても、明日はBさんと一緒に寝ることができる、そういう文化だったようです。

ですからサムソンが怒って帰ったので、次の日には別の人に嫁にあげてしまったのです。そこにサムソンが再び戻って来たので、お父さんはびっくりして、一つの提案をしました。「あの娘はもう他の人にあげてしまったから、代わりに妹をもらいなさい。妹の方がずっと美人でしょう。だから妹と結婚しなさい」と言いました。

サムソンは、ようやくここで全然違う文化圏の人と接して衝突していることに気づいたようです。そして彼らは神様のみことばに基礎を置いている人々ではないということを悟りました。ここから、サムソンの中にも基本が生きていることを見ることができます。

クリスチャンであってもいろいろな失敗をすることがあります。

しかし、私たちの中にみことばが生きているなら、基本が生きているということになるのです。決定的な瞬間に「世の中の基準に従ってはいけない」と悟ることができます。そして、立ち返るのです。

つまりイエス様を信じるということは、基本を持つことを意味します。なぜ、若者にみことばを伝えていくことが大事なのでしょうか。すぐ行動に変化が現れなくても、聞いたみことばがやがて彼らの基準となっていくからなのです。

私は、母のおなかの中にいる時から、みことばを聞き続けてきました。クリスチャンホームに生まれたからといって、必ずしもみことば通りに生きていくという保証はありません。時には失敗することもあります。しかし、困難がやって来る決定的な時に、その基本であるみことばを思い起こします。そしてそのみことばをもって主に立ち返ることができるのです。

エレミヤは、国全体が滅びていく時に、みことばに基礎を置き、基準を立てました。エレミヤは見方によれば失敗した説教者とも言えます。彼のことばを聞いて立ち返った人は、ほとんどいなかったからです。しかし、彼は人々が聞きやすいことを話したのではなくて、基本を立てていったのです。その結果、その次のダニエルの世代たちがそれを聞いて立ち返ったのです。

ですから教会にどれだけ多くの人が集まっているかではなく、基本が生きているかどうかが重要なのです。テモテへの手紙を見ると、「教会における柱はみことばである」と書かれています。真理の柱のような役割を担っていくもの、それが教会です。教会が、世の中の流行にしたがって変わっていく姿を時々目にします。しかし、聖書が語っている基本を握る人は最後まで残るのです。

二杯分のコーヒー

最近、韓国の若者もずいぶん開放的です。会った最初の日にいきなり一緒に寝てしまう男女が増えています。しかし、やがて何日かたつとすぐに飽きてしまうのです。二、三日のうちにそのような関係になれるとしたら、それは楽かもしれません。しかし、その別れも二、三日で来るということを知らなければいけません。愛とは犠牲を前提にするものだからです。

こんな美しい話を聞きました。韓国のあるキャンパスで出会った男女の話です。その男は目が小さく、髪の毛も抜けている、とても不細工な男でした。女性があまり関心を持たないような男でした。しかし、この男はその女性に出会った後、ずっと親切にし続けたそうです。図書館で会うと椅子を引いてあげたり、勉強机の上にチョコレートやお菓子を置いてあげたり…。ハンサムな男性が、このようなことをすれば女性たちはうれしくて感動します。「私の祈りは聞かれました」と証しをするでしょう。しかし、不細工な男がこのようなことをすると、女性は嫌がります。ひどいときには「ストーカーだ」と騒ぎ出したりします。

ある雨がしとしと降る日でした。

この女性は温かいコーヒーが飲みたいと思いました。彼女は図書館の六階にいました。コーヒーの自動販売機は一階と六階にしかありません。しかし、六階にあった自動販売機が故障していて、コーヒーを飲むためには、一階まで降りなければなりませんでした。この女性はコーヒーをあきらめて、自分の席に帰ってしまいました。すると突然、ダダダダダと階段を上ってくる音が聞こえます。あの男が両手にコーヒーを握り締めてやって来たのです。どれほど慌てて上って来たことでしょう。半分ぐらいはこぼれて手にかかっていました。そして女性に近づいて来て、こう言いました。

「あなたに温かいコーヒーを飲んでほしくて急いでやって来ました。急いで来ればば必ずコーヒーがこぼれると思ったので、二杯持って来ました。二杯合わせれば一杯分になるでしょう」

この姿を見て彼女は思ったそうです。この男をこれ以上憎むことはできない、そして二杯を一杯にして飲むこともできないと。ですから、そのコーヒーを二人で分け合って飲みました。二人はその後、結婚したそうです。

幼稚な話に聞こえるかもしれませんが、私はこれが真実の愛だと考えます。サミル教会で一度、説教の中でこの話をしました。それ以来コーヒーを持って走る男たちがたくさん増えました。非常にロマンティックな愛だと思います。この本を読む女性の皆さんも、ぜひコーヒーを持って走って来る男性のお嫁に行ってください。人は外見ではありません。心なのです。

どんなに時代が変わっても、この基本は変わりません。

ＣＩＡと悪魔の手口

堕落とは基本的なものが崩れていくことを言います。

悪魔は人を堕落させるために、基本を崩します。悪魔は社会を堕落させるために、社会の基本を崩します。ですからリバイバルとは、基本をもう一度立てていくことです。悪魔が教会を攻撃する時には、教会の基本を攻撃します。悪魔が使う誘惑の手口は、諜報組織のやり方とよく似ています。

以前、ＣＩＡの職員が尋問する内容を新聞で読んだことがあります。例えば、アメリカで三百名のタリバン兵士がテロの容疑者として捕らえられ、捕虜になっているとします。昔は脅して、「しゃべらないと殺すぞ！」と尋問しました。しかし今は、もっと次元の高い方法を使うそうです。

まずは、大声で的外れの質問をします。例えば「オサマ・ビン・ラディンは雲に乗ってくるのか？」などと大声で聞きます。聞かれた人は、最初は笑ってしまうそうです。その後も「お前は百メートルを五秒以内で走るだろう」とか、「お前は昨日水の中に十時間以上いただろう」、「お前の妻は十カ国語以上話すだろう」

などと、くだらない質問をどんどん投げかけて、質問する相手をどんどん混乱させていくというのです。非常に非現実的な環境を作るのです。十日ほどこのような質問を投げかけられると、何が現実なのかわからなくなってきます。そして、十日後にやっと、現実的な質問をするそうです。「お前はアルカイダに属しているだろう」と質問すると「はい、それはそうです」と話してしまうのだそうです。

これは非常にずる賢いやり方です。

二つ目の方法は、階級の低い人には答えられないような高次元のことを聞くそうです。

「もう一度アメリカを攻撃する計画があるなら言いなさい」

「パキスタンのムシャラク大統領とどういう対話をしたのか」

階級の低い人が、大統領と話をするわけがありません。十日間こういう質問ばかりを投げかけるのです。このように分からないことばかりを質問されると、その人は自尊心が傷つけられてしまいます。十日後に、その人が分かりそうな優しい質問をするそうです。すると、手を打って喜びながら、「ああ、それなら分かります」と答えてしまうのです。

三つ目の方法は、尋問する相手を気遣って、ある時よくもてなしてあげるそうです。するとこの人は「ああ俺、何かまずいことをしゃべってしまったかな」と錯覚します。このようにいろいろな方法、手段を通して、その本心を明らかにさせるわけです。悪魔も私たちを崩そうとするときに、単純なやり方では迫ってきません。非常に狡猾な、ずるい方法で私たちに接近してきます。

聖書に戻ると、デリラがサムソンに「あなたの強い力はどこにあるの？」と聞きます。この質問を通して、彼を崩し始めるのです。私たちは、やって来る質問に対して、まずその質問が警戒すべきものかどうかを判断しなければなりません。サムソンはいくつかの質問を通して、崩されてしまいました。

神様の民を攻撃する異端の特徴があります。それは私たちが神経を使わない一般的なことから聞き始めることです。異端の特徴はまず倫理に関心を注ぎ、教会の問題を挙げていきます。

「教会には愛がないでしょう」

「今、教会に力がありませんね」

「教会に献金の問題があるでしょう」

このように、あたかも教会を愛しているかのような口ぶりで語ってきます。そして最後に核心部分を突きます。イエス・キリストの救いの唯一性、これを疑わせるのです。「そもそも何のために教会に行っているの?」と言って、最後は信仰の基本を崩そうとするのです。これはサムソンを崩そうとするデリラの方法とよく似ています。ですから、私たちが一番大事にしなければいけないことは、信仰の基本を立てることです。

六章　正しさを超える正しい関係

それからサムソンは出て行って、ジャッカルを三百匹捕え、たいまつを取り、尾と尾をつなぎ合わせて、二つの尾の間にそれぞれ一つのたいまつを取りつけ、そのたいまつに火をつけ、そのジャッカルをペリシテ人の麦畑の中に放して、たばねて積んである麦から、立穂、オリーブ畑に至るまでを燃やした。

士師記十五・四〜五

悪魔が私たちを攻撃しようとするとき、近くにいる人を通して攻撃してくることがよくあります。イエス様を裏切ったのは、イスカリオテのユダだったことを覚えましょう。

教会の多くの青年たちが受けている苦しみを見るとき、二種類の苦しみがあることを見ます。まず、実際の痛みを伴う苦しみがあります。不渡りが出た人は非常につらいでしょう。病気の中にいる人も非常につらいと思います。苦しみ自体が与える痛みがあります。

もう一つは、精神的な苦しみです。つらい状況の中で、「この人なら助けてくれる」と信じていた人が助けてくれないときの苦しみです。まず、苦しみ自体が与える痛みがあり、次に「裏切られた」という痛みに苦しめられるのです。

試みというのは、関係の近い人からやって来ます。

ですから、人を信じるときも、その人自身を信じてはいけません。

あくまでも神様の助けに拠り頼む者でなければなりません。

私は信徒たちに「隣人を信じるときには、裏切られたときに憎まない程度に信じなさい」と言います。それ以上に人を信じるのは良くありません。徹底的な信頼を置く対象はあくまでも神様だからです。人ではありません。私の周りには良い同労者がたくさんいます。しかし、彼らが私を裏切ったとしても憎まない程度に信じています。その意味は、神様を中心にしてその共同体を作っているということです。

神様以上に人を信じている人は、必ず裏切られる経験をします。悪魔は近くにいる人を通して攻撃してくるからです。

ですから、神様の御前に持つべき重要な姿勢があります。聖書の中で重要な概念は「義」です。ギリシャ語でこの「義」を「ディカイオシュネー」と言います。多くの人たちは、この「義」という概念を人と人との関係に適用しています。

しかし、ローマ人への手紙を見るとき、この「ディカイオシュネー」(義)ということばが人と人との関係に使われていることはほとんどありません。

「義」という単語は神様と人間との間に用いられることばです。

義とは、神様と正しい関係を結ぶことです。

私たちは、神様と人間の関係が崩れていることを知っています。ですから、その関係を回復するために、あるときは善行を行い、またあるときは孝行したりします。仏教では、修行などを通して関係を回復させせようとします。ある人は哲学をもって神様に近づこうとするのです。このようなことをローマ人への手紙では、「すべて自分の義を立てることだ」と言っています。

自分の義をもっても、私たちは決して神様に近づくことができません。

神様に近づくことができる唯一の道は、イエス・キリストの十字架の道です。私のために死なれた、このイエス・キリストの十字架、そこにある義を握り締めることです。私たちが神様の間に成り立つ義を語るときに、必ず握るべきものは十字架の義です。神様と私たちの間に十字架を通しての和解、義が生じなければなりません。自分の功労ではなくて、イエス様の功労です。決定的に十字架を握らなければいけません。そのようにして、私たちと神様との間に義が成り立てば、今度は人との間に「愛」が成り立つのです。そこで愛を施さなければなりません。しかし、多くの人は、人と人の間にあっても義を問題にします。もちろん、人間関係も正しくなければいけません。しかし、義をもってすべてが成り立つわけではないのです。

以前に曽野綾子さんが書いた小説を読んだことがあります。それは日本が非常に貧しかった時代に書かれた小説でした。その時代には靴泥棒がたくさんいたようです。ある子が学校で靴泥棒をしました。その子は非常に貧しい子でした。しかし、すぐにバレてしまいました。同じ町にいるから、足を調べればすぐに分かるのです。そして靴を取られた子が走り回って、「こいつが盗んだ!」と叫びました。「やられたらやり返す」「悪いことをした者は、懲らしめを受ける」。これが世の中で言われる義だからです。

しかし担任の先生は、靴を盗まれた子を呼んで「盗んだ子を赦せないか」と言いました。二回目に「その靴をあの子にあげてしまうことはできないか」と聞きました。なぜなら、靴を盗まれた子は金持ちで、靴を盗んだ子は靴を買うお金もないほど貧しかったからです。単なる泥棒ではなくて、貧しさゆえにやってしまったその子のすべてを知っている先生は、「この靴を与えなさい」と言われたのでした。義という関係から見れば、その子はあくまでも泥棒でした。しかし先生は、義の関係ではなくて、愛の関係で子どもたちを見ました。そして、その金持ちの子が、貧しい子に靴をあげるのが一番だと思ったわけです。この話からも分かるように、人間関係は義で成り立つものではありません。

義よりも大事なものは愛です。

イエス様がもし、この世に来られて義だけを主張されたとしたら、この世のすべての人間は死ななければなりません。どこに救いの余地が生じるのでしょうか。それは義ではなく、愛が機能し始めるときです。

パリサイ人は、人間関係の中に義を追求した人々です。私たちクリスチャンも、世の中に出て行って義だけを追求するなら、パリサイ人と同じです。私たちが世に対してできることは、人々を罪に定め、さばきを宣告することだけになってしまいます。しかし、愛を持って出て行くということは、相手のことを理解するということです。相手を回復させてあげるということです。そして、自分の力では主のもとに行くことができないと認めることになります。

教会は、義がなければなりませんが、愛もなければなりません。

義を超える愛が必ずなければならないのです。

教会が神様との関係にあって義を握り締め、人との関係にあって愛を握るとき、そこにリバイバルが来ます。しかし、いつの間にかそれが逆になってしまうのです。人との関係にあって義を主張し、互いにさばき合い、争います。そして神様との関係においては、愛を主張するのです。そして繰り返し罪を犯し、このように考えます。「神様は愛だから、すべてを赦してくれるはずではないか」と。そして次第に自己矛盾に陥ります。大事なことは、この一番基本的なものをしっかりと握ることです。

私たちはだれでも、三つの関係を持っています。

それは、「神様との関係」、「隣人との関係」、そして「物との関係」です。

神様との関係においては礼拝がなければなりません。人との関係においては、愛がなければなりません。物との関係にあってはそれをよく用いなければなりません。

しかし、堕落が始まるとそのすべてが狂います。

礼拝すべき神様を無視するのです。

そして、人と物が入れ替わり、愛すべき人を利用してしまいます。

そして、利用すべき物を愛してしまいます。

これが堕落の状況です。物質主義とは、物を愛していくときに起こる現象です。人を利用し、神様を無視します。教会が、いわゆるご利益信仰に陥るとそのような状況になってきます。ですから、神様に対しては無条件に礼拝をささげ、人に対しては無条件に愛を注ぎ、物に対しては無条件にこれを利用できなければなりません。そこに神様のみこころにかなった豊かな関係が生じます。

サムソンは、この関係における基本が自分の内に生きていたので、最後に悔い改めて主に立ち返ることができたのです。あなたの内にも教会の内にも、この基本が豊かに生きることを祈ります。関係における基本が豊かに生きるとき、どんな危機の中でも生き残ることができるでしょう。そして神様の下さる勝利を最後に味わうことができるでしょう。

獣さえも助け手とされる

もう一つサムソンから学べることは、助け人がいないときに、神様が助け手を送ってくださるということです。

サムソンがペリシテ人と戦おうとするとき、周りにいる人々はあまり協力的ではありませんでした。私たちは助け手がいないとき、何もできないと考えてしまいがちです。しかし、サムソンはそのようには思いませんでした。周辺を見渡すと、多くの仲間がいることに気づいたのです。ジャッカルを三百匹つかまえました。そしてジャッカルの尾と尾を結び、その間にたいまつを立てて火を付けました。するとジャッカルたちは熱くて走り回ります。そのようにして、三百匹のジャッカルは畑中に火をつけてしまいました。

これはとても面白い話です。助け手がいないときには、ジャッカルさえ助け手として神様が送ってくださるのです。

ですから人がいないから仕事ができないということはありません。神様が共にいてくださるなら、周りにあるどんなものを通してでも成し遂げることができるという教訓がここにあります。私たちも世の中にこのように出て行くなら、神様の助けを体験できるのです。福音をもって世の中に出て行けば必ず苦しみに遭います。その苦しみに出会ってこそ、神様の助けをあなたは経験するのです。この基本を握り、相手とぶつかる道を取ったときに、サムソンは神様の助けを味わったのです。サムソンがこのように勝利できたのは、この基本に立ち返ったからであると思います。

塩野七生氏が書いた『ローマ人の物語』という非常に面白い本があります。その本にはローマ帝国が強かった理由について書かれています。

ローマの強さは軍事力ではありませんでした。法律によってすべて治められる国だったから強かったと彼女は言っています。しかし私は、ローマが強かった理由は基準があったからだと解釈します。前に進んで行く国は、基準が生きている国です。

もし、国の基準に神のみことばを据えるなら、その国にリバイバルが来ます。

中国人の強さの秘訣は何でしょうか。中国人は二千話を超える、中国の故事を持っていると言われています。ですから中国の文化の深さというものは計り知れません。またユダヤ人の強さの秘密は何でしょうか。タルムードという彼らの独特な書物があります。それによって若者たちが、老人のような思考を持つことができるのです。日本にも、天下を取った三大武将についていろいろな物語があると思います。私は坂本竜馬の一代記を読んだことがあるのですが、日本人もそのような物語を、多くの人が読みたがっているのだと感じました。文明とは、いろいろな出来事に対応していくためのものを蓄えることです。これらの物語が意志行動を決定するときの基準になるのです。

神様の前でもそのような基準が大切です。イエス様を信じるということは人生の基準を握っていくことだと覚えてください。

七章　礼拝の力

サムソンがレヒに来たとき、ペリシテ人は大声をあげて彼に近づいた。すると、主の霊が激しく彼の上に下り、彼の腕にかかっていた綱は火のついた亜麻糸のようになって、そのなわめが手から解け落ちた。サムソンは、生新しいろばのあご骨を見つけ、手を差し伸べて、それを取り、それで千人を打ち殺した。そして、サムソンは言った。「ろばのあご骨で、山と積み上げた。ろばのあご骨で、千人を打ち殺した。」

士師記十五・十四～十六

ここはサムソンがあご骨で敵軍一千人を打ち殺すという話です。この話を通して、信仰とは何かを考えていきましょう。

神と結ばれてこそ力を得る

まず始めに、信仰者というのは神様から御力を注がれてこそ勝利できます。

「私たちは、この宝を、土の器の中に入れているのです。それは、この測り知れない力が神のものであって、私たちから出たものでないことが明らかにされるためです」（Ⅱコリント四・七）

士師記十五章十四節を見ると、主の霊が激しく彼の上に下って、彼が勝利したと書かれています。新約的に言えば、聖霊がサムソンの上に臨んだということです。それまで、サムソンは敵軍ペリシテ人に縛られていました。この縛られていた綱を、火のついた亜麻糸のように解いてしまいました。そしてそばにあったろばのあご骨を握って敵軍一千人を打ち殺したのです。神様の御霊が臨むなら、このような力によって簡単に勝つことができるのです。

宗教は英語でリリジョン（religion）と言います。これはもともとラテン語で「縛る」という意味なのです。つまり宗教とは神様と私たちを結ぶことです。サムソンにこのような力が注がれた理由は、神様と関係が結ばれたからです。私たちも、神様と結ばれさえすれば、力を発揮できるのです。問題は、どのようにして神様と結ばれるかです。

神様と結ばれる道は礼拝にあります。

「しかし、真の礼拝者たちが霊とまことによって父を礼拝する時が来ます。今がその時です。父はこのような人々を礼拝者として求めておられるからです」

（ヨハネ四・二三）

誰であっても、礼拝を通して神様と結ばれるなら強い勇士になります。ですから、礼拝こそ教会の命です。礼拝が生きていれば、教会の人たちが神様と結ばれるみわざが起こります。礼拝を通して私たちは神様と結ばれ、火のような神様のみわざが起こるのです。

二〇〇四年の春、アメリカ東部地方に行って福音を伝えました。その中でもエール大学に行ったことが思い出に残っています。そこで面白い話を聞きました。

今から百年〜百五十年くらい前、アメリカに自由主義神学の流れがやって来ました。聖書に書かれてあることをそのとおり真実だと信じないのです。この流れがその大学にもやって来ました。そして大学の中に無神論の風が起こってしまったのです。

そのような中で、アメリカの第一次リバイバル運動を起こしたジョナサン・エドワーズという人がいました。そしてその孫であるティモシー・ドワイトという人物がエール大学の教授になりました。そしてエール大学を神様の福音で変えていこうと少人数を集めてバイブルスタディを導き始め、そこから礼拝が始まりました。そこにリバイバルが起こったのです。このティモシー・ドワイトがやがてエール大学の総長になって、すべての生徒を集め、そこで礼拝を始めたところ、そこから大きなリバイバル運動が起こりました。その流れの中で、D・L・ムーディが現れたのです。

真のリバイバルは礼拝から始まるということが、ここから悟ることができます。どの国、どの時代にあっても、礼拝なしにリバイバルが起こったためしはありません。十九世紀のアメリカから宣教のムーブメントが起こったのは、このドワイトという人の功績なのです。日本にもこの礼拝のリバイバルが起こることを信じます。

ティモシー・ドワイト
(Timothy Dwight)
一七五二〜一八一七

アメリカ、組合教会主義者、教育者、作家。神学者ジョナサン・エドワーズの孫。十三歳でエール大学に入学、十七歳で卒業。卒業二年後にエール大学教授として招聘され、六年間教授を務め、また説教をするようになる。その後、一七九五

スローガンを礼拝につなげる

救いについて、いろいろな主張をする人々がいます。韓国でも多くの人が、教会を改革しようとしています。その主張を聞いてみると、皆とても良いことを言い、素晴らしいスローガンを唱えています。八十年代、私が大学生の頃、大学で多くのデモや改革運動が起こりました。現在二人の友だちが国会議員をしているのですが、当時彼らは素晴らしいスローガンを唱えていました。しかし、二十年たった今でも現実を変えることには成功していません。いかに美しいスローガンを唱えても、実現されなければ意味がないのです。

しかし、スローガンが実を刈り取る道が一つあります。それは、スローガンと礼拝をつなげることです。スローガンを唱える人が礼拝する人であれば、そのスローガンは実現します。礼拝する人の主張は必ず実を刈り取ります。礼拝のない

年から一八一七年まで総長を務めた。当時のエール大学の学生たちは堕落した生活を送っていたが、ドワイトの力強い説教で多くの若者が悔い改め、神に立ち返ったという。

スローガンはむなしいものです。

伝道も同じだと思います。二十年前に韓国で多くの伝道ムーブメントが起こりました。その日には人々を無理矢理連れて来たり、お金でつったり、とにかくどんな手段を使ってでも五倍の人数を満たすのです。私がいた教会では、五百人が集まった時、先生が「次の主日には三千人集めよう」と言いました。そして実際に、三千人以上の人々が集まったのです。なぜなら、その日来た人々に冷蔵庫やガスレンジをプレゼントしたり、いろいろしたからです。私はそれは必ずしも悪いとは思いません。教会に一度でも足を運んでもらうことは大事なことだからです。そのようなことがずいぶん長く行われたのですが、その中で、今も教会に残っている人はほとんどいません。

どうして、このような結果になったのでしょうか。

ある教会ではこのムーブメントによって、多くの人を救いに導きました。ある教会はうまくいくのに、ある教会はうまくいかない。この理由は何かを考えました。そして、私はその根本的な違いが礼拝にあることに気づきました。礼拝が生きていれば伝道の実りがあります。礼拝が生きていなければ、いかに熱心に伝道してもうまくいかないのです。つまり、伝道と礼拝はつながっていなければならないのです。海外宣教も同じことが言えるでしょう。

サミル教会には四千名から五千名の青年たちが集まっています。もちろん伝道は熱心にしましたが、伝道しただけで人がそんなに簡単に変わるものではありません。

その根本的な理由は礼拝が生きているからです。

礼拝が生きていれば、伝道された人が変わっていくのです。

キリスト教の武器は、人を変えていけるということです。その力は礼拝にかかっています。礼拝が生きていれば、私たちは力ある者になります。

サムソンを見てください。礼拝を通して神様と一つになったことによって、彼はすごい力を獲得しました。あなたも礼拝を通して、このように偉大な力を得る人になってください。

クリスチャンの出発点は、礼拝を通して神様と結ばれることです。

礼拝者は歌う

礼拝を通して力を注がれた人は、賛美するようになります。士師記十五章十六節を見ると、サムソンの歌が出てきます。私はこの歌を見て笑ってしまいました。なぜなら「ろばのあご骨で、山と積み上げた。ろばのあご骨で、千人を撃ち殺した」とただ同じことを繰り返しているだけだからです。この歌のメッセージは、サムソンのような人であっても、勝利したら歌わずにはいられなかったということです。

私たちも同じです。

勝利すれば誰であっても歌わずにはいられないのです。

勝利者は必ず歌います。

神様から力を受けた人の賛美は違います。

高校時代、ある面白いビデオを見ました。ビリー・グラハム師がベルリンで伝道集会を行っているビデオでした。そこに出てくるメインの歌手は、韓国出身の歌手でした。多くの人々が、その賛美で変化していくのを見ました。

その後に韓国の有名な歌手が出てきました。しかし、彼は出てきたものの、わなわな震えて、歌えずに戻ってしまいました。この人は当時、妻と別れる直前でした。会場にいる人々の霊的な温度の熱さを目の当たりにして、彼は歌えなくなってしまったのです。いつも人前で歌っているのにもかかわらずです。つまり、霊的に準備ができていなかった状態だったため、霊的に整えられた人々の前で歌えなくなってしまったのです。

私はこのことを通して、賛美は誰にでもできるものではないということを悟りました。霊的に力がある人が大胆に賛美できるのです。

神様の御力を注がれた人だけが賛美できるのです。

ですから、神様から力が注がれるなら、どんな人であっても偉大なその力の中で、素晴らしい賛美をするようになるのです。

礼拝者は驚く

イエス様と出会う時、私たちには喜びと驚きが注がれます。

ですから、人がイエス様を信じると、その人の表情も豊かになります。

ある三十四歳の男性の信徒に、どういう女性が好きかと聞いてみました。するとニコニコしながら「二十歳くらいの女性がいいですね」と答えました。こういう悪い男は意外と多くいるものです。私はその男性に「どうして若い女性が好きなのか」と聞いてみました。すると彼は、「若い女の子ほどよく感激するからだ」と言うのです。

例えば、富士山のように美しい所に連れていくと、若い女の子は「キャー☆」と感激するわけです。

「世の中でこんなに綺麗なところは初めてです。幻みたい！」

と言います。

おいしいご飯を食べさせてあげると、

「キャー☆　こんなおいしいもの食べたことがないわ！」と感激します。かわいい笑顔を振りまいて感激する女性に男性はハマってしまうのです。若い女の子ほどよく感激するので魅力があります。

感激、それが魅力の源です。

一方、年を取った女性の特徴は、全く感激しないことです。「こんな所があるよ」と富士山を見せてあげると、

「あっそ。それが何？」

「こんなおいしいご飯を食べたことがある？」と聞いても、

「別にたいしたことないわ」

このように、全く感激がないのです。男性はそのような女性に魅力を感じません。

イエス様を信じる人には、新鮮な驚きがいつも満ちています。三十歳であっても四十歳であってもこのような感激をいつも持っています。そしていつ、どこに

いてもその魅力を発揮します。

聖書に「幼子のようにならなければ天国には入ることができない」と書かれています。「幼子のように」とは、いったいどういう意味でしょう。いろいろな意味があると思いますが、その一つは「驚き」です。ある時、小学校二年生の末娘が、道にいる虫を見つけて、「この虫、こんなにいっぱい足がある!」と言って驚いたのです。私は虫を見ても、ただ気持ち悪いと思うだけで全く驚きませんが、娘は感激して喜んでいるのです。年を取るほど驚きはなくなっていくのだと、その時悟りました。しかし、聖霊に浸るとき、この驚きが回復します。

イザヤ書九章六節はクリスマスの時期によく読む聖書箇所です。この箇所ではイエス様の御名を「不思議な助言者」と描写しています。このことばは英語で「wonderful《ワンダフル》」、つまり「驚き」という意味を持っています。

イエス様そのものが驚きなのです。

イエス様が私の所に入って来られると、そこで驚きに変わります。すべての人がイエス様に会って驚くのです。これが聖徒の姿です。そして、そのような聖徒たちが世に出て行けば、世の人々に魅力を与えます。なぜならその人の中にある感情が表現されるからです。信じない人たちは、あまり感情を表現しません。静かな表情で座っています。しかし、聖霊が彼らの中に入っていくと、本来の感情が出てきます。使徒の働きにあるように、聖霊が臨むと人々は喜びあふれ、その感激が表現されます。驚きが起こります。これがクリスチャンの特徴です。

私はよく中国の北京に行きます。これまでに何度も北京に行き、北京内にあるいろいろな所を回りました。そして私は行くたびに驚いています。また、日本へ行って東京を見ても、地下鉄を見ても、富士山を見ても、何を見ても驚いてばかりです。そういう私を、人々はあちこち連れて行ってくれます。私のようによく驚く人が珍しいのでしょうか。もっと面白い、驚く所に連れて行ってあげたいと思ってくださるようです。ですから驚く人にはどんどん道が開かれます。

あなたもぜひ驚き始めてください。

多くの人があなたの道を開いてくれます。

これが聖徒の姿です。

イエス様を信じ礼拝する人の片手には力があり、もう片方の手には喜び、そして驚きがあるのです。そして世の中に魅力ある姿で、それらが現されていくのです。力を持ち、魅力にあふれている人を、誰が嫌うでしょうか。このような人々を教会からどんどん世に送り出すのです。それが教会の使命です。

しかし、現実の教会を見てみると礼拝が死んでいるために、力を受けた人があまり多くいません。そのために、喜びと驚きに満ちた、魅力的なクリスチャンをあまり輩出していないように思います。

イエス様を信じれば美しくなります。

美しいほほ笑みが出ることをとおして、多くの人々に魅力を発揮するはずなのです。顔に明るさがある、それがクリスチャンの本当の姿のはずです。そういう人を世に送るのです。そうすれば勝利が起こります。私たちの持っている使命の現場は世です。

八章　力ある生活の五原則

そのとき、彼はひどく渇きを覚え、主に呼び求めて言った。「あなたは、しもべの手で、この大きな救いを与えられました。しかし、今、私はのどが渇いて死にそうで、無割礼の者どもの手に落ちようとしています。」
すると、神はレヒにあるくぼんだ所を裂かれ、そこから水が出た。サムソンは水を飲んで元気を回復して生き返った。それゆえその名は、エン・ハコレと呼ばれた。それは今日もレヒにある。

士師記十五・十八〜十九

一　良いことを習慣化する

私たちが世にあって、力にあふれて神様に用いられるために必要なことは、良いことを習慣化することです。

習慣とは、日々無理なくできることを言います。ですから良いことを習慣化することが大切です。私はいつも朝三時に起きます。前の日の夜十二時までは本ばかり読んでいます。祈って本を読む、それだけです。私に「説教をいつ準備し、本をいつ書くのですか?」と質問する人がいます。私は口では言いませんが、心の中で「あなたが眠っている間ですよ」と言います。習慣になっていますから、朝早く起きるのも苦ではありません。良いことが習慣化されているわけです。

また、私は小学校五年生のときから日記を書いています。文章を書くことは難しくありません。ずっと文章を書いてきたから、二日もあれば本も書くことができます。書くことが習慣化されているからです。

良いことを習慣化すればいいのです。これを「義の訓練」と聖書では呼んでいます。私たちの教会の青年たちにも、良いことを習慣化させるようにしています。早天の祈りも千人から二千人が集まるようになっています。なぜなら、習慣化されているからです。そのような良い習慣をとおして、誰よりも強い人になっていくことができます。

二　大事なことは最初にする

朝三時に起きて最初にすることは、最も霊的な敏感さを求められることです。計画を立てたり、説教の準備をします。一番精神が研ぎ澄まされている時間帯に、一番重要なことをするのです。朝ご飯を食べると、少し眠くなってきます。そういうときには、雑誌を読んだり、メールをチェックしたりして、時間配分をします。すると、全体的に事柄を進めていけるのです。そのような原則を立てることが大切です。

三　自発的に行う

私は無理にやらせることは嫌いです。私たちの教会ではすべてのことを自発的にしようとしています。ですから、しもべや家来の意識ではなく、オーナー意識をもって働くのです。ですから多くのことを容易にこなしていきます。

指導力、それは自発的に働かせる力だと思います。方法は様々であっても、自発的に働かせることが本当のリーダーシップです。ですから人々は自発的な雰囲気の中で、多くのことをこなしていきます。

四　肯定的な態度で働く

何をするにも、良い点だけを見て働きます。韓国ではよく「牧師の道は十字架の道であり、苦難の道だ」と言う人がいます。その人の顔を見るといかにも苦難を背負っているという表情をしています。何日も食べてないようなやつれた顔をしています。

確かに、牧師は大変な職業です。私は一週間に十回の説教をします。説教の準備をしなければいけないため、一日三時間しか眠れない日も多くあります。また世界を走り回っているため、一年の三分の一はホテルに泊まります。家族と離れる寂しさから、涙がこぼれるときもあります。

また食事をするときには、いつも誰かと一緒です。アメリカではご飯を食べるときに十人ぐらい集まってきます。食事をしながら質問を聞くと、だいたい二時間かかります。昼にも二時間、夜にも二時間。答えるのが面倒になり、いい加減に返事をしたときには「あの牧師は高慢だ」と言われ、インターネットの掲示板に「ジョン・ビョンウク牧師、悔い改めよ！」と書き込まれてしまいます。ですから、心を尽くして答えてあげなければなりません。私も死にそうな状況です。

しかし、人々の前でそんなことは決して口に出しません。むしろ反対のことを話します。福音を語る特権と喜びについて語ります。

現在、私は世界を走り回っていますが、これまでに多くの国や有名な場所に行きました。ナイアガラの滝の下に行ったこともあります。バンクーバーに行って、ジェットスキーにも乗りました。日本の京都や奈良にも行ってきました。中国で美しいと言われる所には全部行きました。これは福音を伝えているゆえの特権です。ですから、教会の皆さんが私をうらやましがります。インターネットに素敵な写真ばかりを掲載するので、それを見た人々はクリスチャンに対して美しいイメージを持ちます。

つまり、私の態度によって人々の反応は全然変わってくるということです。

もう一例を挙げると、私たちの教会には十名ほどの教職者、牧師候補者がいます。主任牧師の私は説教を得意としています。なぜかと言えば説教ばかりしているからです。説教を一日に二回、一週間で十回以上はしています。説教をたくさん語ってきたがゆえに、私はいつの間にか説教が得意になっていました。

ところが不思議なことに、私たちの教会の副牧師たちも説教がとても上手です。なぜなら、たくさんの説教を準備しても、発表する機会が少ないからです。ですから説教を依頼すると、良い説教をするのです。とても霊感に満ちあふれた説教をします。主任牧師はたくさん説教をするから説教が上手になり、副牧師たちは、説教する機会が少ない分よく準備するので、霊感にあふれた説教ができる。こういう教会がうまくいっている教会です。

しかし、逆の場合もあります。多くの韓国の牧師からこういう話を聞きました。

「韓国の牧師は説教をし過ぎだ。一週間に一回だけならしっかりできるのだが、説教する回数が多すぎて、うまくできない」

そして、副牧師たちも「できない、できない」と言っています。「時々依頼されると説教のリズムをつかめない」からだそうです。あるときには、主任牧師が説教の十分前に副牧師のところへ来て、「お前がやれ」と言うわけです。しかし副牧師も、「突然言われてもできない」と言います。こういう教会はうまくいっていない教会です。つまり肯定的な態度を習慣付けることが非常に大事だということです。

五　再充電する

サムソンは歌を歌い過ぎて、のどが渇いてしまいました。神様は、そこに泉をあふれさせました。このことは、働いた後の再充電が、私たちにも必要だということを示しています。イエス様はミニストリーの途中で、朝早く祈られました。イエス様ですら祈りを通して再充電する必要があったのです。

あなたは休息と安息の違いが分かりますか？

携帯電話を見てください。携帯電話の電源ボタンを押して電源を切る、これが休息です。携帯電話をその間使わないからです。しかし、充電器につないでおくと、やがて充電が完了します。

これが安息であり、再充電です。

私は十分に充電された携帯電話を持つとき、すごくうれしいです。充電された携帯電話を持つと、聖霊に満たされた気分になったりします。一方、バッテリーが残りわずかしかない携帯電話もあります。それはまるで無力なクリスチャンのようです。再充電が必要です。ですから、携帯電話に充電器をつなげるような再充電、安息が私たちの人生に必要です。

私は、目が悪いために結構不便なことが多いのですが、たくさんの本を読んだり、長い間モニターを見た後には、十分間目を閉じます。目を休ませるためです。しかし眼科の医師が、それは良い方法ではないと言いました。

「五十分目を酷使したあとは、十分間目を閉じるのではなく、遠くを見てください」

遠い山を見たり、遠い水平線を見たりするのが目にとって安息なのだそうです。目を閉じるのは休息であり、遠くを見るのが目にとって安息なのです。

モンゴル人の平均視力は二・九で、一番良い人は七・〇もあるそうです。視力が二・九あれば、人が地平線から来るのが分かるそうです。その地平線の果てにいるのが、誰か分かるなら、それは七・〇だそうです。彼らはいつも遠くを見ているから目が良いのです。

霊的視力も同じです。

人生には様々な問題があります。人間関係、仕事、健康…。しかし、それらはすべて近くにあるものです。

目の前にあるものばかり見ていると、霊的近視になります。

そうすると、もどかしい人生になります。イエス様を信じない人は、何か苦しみに直面すると、それを忘れようと努力しますが、それは一種の休息に過ぎず、究極的な解決には至りません。近くにあるもので苦しめられているときの、本当の解決法は、遠くを見ることです。

すなわち、それは神様を見ることです。

神様の約束を見ることです。

神様のビジョンを見ることです。

そうするとき、真の安息が得られ、再充電できるのです。私たちは主日のことを「安息日」と言います。「休息日」ではありません。主日には御前に集まって礼拝をささげます。背負っている問題を、すべて主の前に投げ出して、神様だけを見つめるのです。そのとき、新たな力で再充電、武装されます。そして、月曜日から始まる世での戦いに出て行くのです。そして勝利を勝ち取るのです。

このサイクルを知っている人は、常に勝利の道を歩み続けることができます。これこそがクリスチャンの価値観、世界観です。

礼拝を通して力を受け、驚きにあふれた魅力的存在になり、世に出て行って勝利の戦いをし、そして主に立ち返って安息・再充電を受け、また世に出て行く。これがイエス様を信じる者の姿です。あなたもこのようなサイクルを通して、どこに行っても神様の勝利を味わうことになるでしょう。

エピローグ

私たちが苦難の座に置かれる三つの理由

さて、ダン人の氏族で、その名をマノアというツォルアの出のひとりの人がいた。彼の妻は不妊の女で、子どもを産んだことがなかった。主の使いがその女に現われて、彼女に言った。「見よ。あなたは不妊の女で、子どもを産まなかったが、あなたはみごもり、男の子を産む。

士師記十三・二〜三

サムソンについての結論的なみことばを申し上げます。実は結論というのは、初めに戻るという意味でもあります。サミル教会は今は、数千名の若者が集まる大きな教会ですが、私が赴任した当時は八十名がやっと集まる小さな教会でした。しかし実は、この八十名集まっていた頃の姿こそ重要だったのです。実は初期の段階で神のみことばに従い基礎を立てていく時こそが、非常に重要な時期なのです。ある木が大木に育つためには、種から根を張っていく最初の時期こそ健康でなければならないのです。ですから、農夫たち、百姓たちは、良い種を選ぶという作業を秋の収穫の後にします。

あなたが日本のリバイバルのための健全な種として植えられ、実を結ぶことを信じます。

サムソンの話は、サムソン自身ではなく、母親から始まっています。このイスラエルの中で、力が弱く、貧弱な部族の一つがダンという部族でした。このダンという部族の中にマノアという人と、その妻がいました。奥さんの名前は正確には書かれていません。神様によく仕える家族でしたが、子どもが与えられませんでした。世の基準をもって見るとき、このマノアとその妻は、失敗者でした。当時の価値観では、人生を成功したしるしは、子どもがたくさんいることだったのです。当時の女性で子どもを産めなかったということは、ほぼ死んでしまったも同然なのです。

おかしいと思いませんか。

神様を信じ、仕えているのに、どうしてこのような失敗、挫折があるのでしょう。罪を犯して歩んでいる人たちは次々と子どもを産んでいるのに、どうして神様を信じている人が、こういう目に遭うのでしょうか。

イエス様を信じる私たちも、同じ疑問を持つことがあります。信じない人はあんなに栄えているのに、どうして私たちはこういう目に遭わなければならないのかと。多くの人たちが信仰生活の過程で、「どうして正しい人に苦難が臨むのか」という疑問を持ちます。この問いかけは最近始まったことではなく、キリスト教の出発と共に始まったものです。

どうして神様が愛する民を、失敗の場に立たせるのでしょうか。サムソンの母親を通して、三つの理由を知ることができます。

一　私たちの信仰を証明させるため

まず一つ目は、私たちの信仰を証明させるためです。当時の人々の思考を理解するために聖書を少し見てみましょう。サムソンより前に士師になった人たちを見てみると、士師記十二章八節にイブツァンという士師が出てきます。三十名の息子と三十名の娘、全部で六十名の子どもがいたと書いてあります。それから十三節を見ると、ヒレルの子アブドンが登場します。アブドンには四十人の息子と三十人の娘がいたとあります。

さて、想像してみてください。一人の人からどうして六十名もの子どもが産まれるのでしょう。一年に一人産んだとしても六十年かかります。時々双子が生まれたとしても、最低三十年かかります。つまり、神様に仕える士師ですら、妾を持っていたということです。当時、繁栄し祝福されているかどうかは、子どもの数で計られました。当時の士師でさえ、神様が正しい結婚生活の中で下さる子どもだけでは満足できなかったのです。ですから手段、方法を選ばずに自分の肉的な力で子どもを産んでいったわけです。神様が下さるもので満足するのではなく、自分の力で何かを切り開いていく、このような態度が彼らにはありました。

これは神の御前で罪です。

アブラハムも神様から約束の子を与えられる前に、人間的な方法を取ったことがありました。ハガルを通してイシュマエルを得たのです。これはアブラハムの人生全体の大きなトゲとなりました。

神の民は、神様の時を正確に待つことができなければなりません。しかし、それはアブラハムにすらできなかったことでした。神の民にとって重要なのは、神様の時を待つことができる信仰です。神の民が苦難の位置にいるということは、神の時が、まだその人の上に来ていないということです。神様の時まで、神様のみわざが現れるまで、待たなければならないのです。

しかし、多くの人がここで失敗します。

「神様がくれないなら、自分で得てやる」

と言って、倒れてしまいます。

例えば、ヨセフは神様が下さるまで待つことができた人です。彼は神様によく仕える人でした。にもかかわらず、十七歳から三十歳までは苦難の連続でした。神様によく仕えていたのに、奴隷として売られました。神様によく仕えていたけれど、変なおばさんの誘惑を断ったために監獄に入れられてしまいました。しかし、ヨセフの偉大さは、神様が道を開いてくださるまで、決して人間的な方法を取らなかったことです。

「奴隷としていなさい」と言われたら奴隷として生活しました。

「監獄にいろ」と言われたらそのまま監獄にいました。

そしてついに神様の時が来て、三十歳でエジプトの総理大臣になりました。ヨセフの信仰の特徴は、自分の手練手管に頼らないところにあります。

一方、サウルの特徴は何でしょうか。それは神様の時を待てないということです。

サムエルが少し遅れると、自分の手で勝手にいけにえをささげてしまいます。

サウルは数時間ですら神様の時を待てなかったのです。

「俺ができることは俺がやるんだ」

そういう人です。このような態度の人のことを「滅びの道を歩む人」と聖書は表現しています。苦難の時、それは、私たちが危機を味わう時です。その時、私たちがすべきことは神様の導きを待つということです。苦難の場所に私たちが置かれるその時こそ、神様の導きを求め、忍耐すべき時です。すべての人々が、そこでひれ伏して祈るべきなのです。なぜなら、苦難を通してこそ、私たちに与えられる祝福があるからです。私たちは、苦難そのものを享受し、楽しむことができなければなりません。

あなたは今苦しみを受けていますか。

もし受けているならば、今こそあなたの信仰を見せる時です。

サムソンの父母には、まさにこのような姿勢がありました。私たちも自分の人生に苦難が臨む時、神様を徹底的に仰ぎ見ることができる者になることを祈ります。これが、苦難が私たちに与えてくれる一番重要な意味です。

二　リバイバルの母体とならせるため

苦難が与えるもう一つの意味は、「リバイバルの母体となる」ということです。神様の方法を見てみると、神様は、力のあふれる人たちをいっぺんにこの地に送られることはありませんでした。神様はまず、状況を準備なさるのです。

サムソンは突然天から降ってきたのではなく、母親によって生まれて来ました。サムエルは突然意味もなく生まれたのではなく、母親であるハンナの祈りによって生まれました。バプテスマのヨハネも同様に、エリサベツの信仰によって生まれました。イエス様がお生まれになったときでさえ、マリヤという女性の母体が準備されたのです。ダビデが現れる前に、サムエルという器が備えられました。リバイバルのことを語ろうとするときには、そのリバイバルのために備えられている器を見れば語ることができます。

また、リバイバルにはしるしがあります。そのしるしとは、理解できない苦難です。多くの人たちが、苦難の中にいる義人の姿を見て、理解できない苦難だと言います。しかし、私たちは、こう考えましょう。

「ああ、もうすぐすごいリバイバルが来るんだな」

人々が理解できない苦難を通して、神様はリバイバルのための良き肥えた土地を備えるのです。サムソンの母親の苦しみを、あなたは想像できるでしょうか。子どもを産めないのです。子どもが産めないから、「罪人」とまで言われます。当時の価値観は、子どもを産めない女性は呪われた人であり、人々からあざ笑われる対象です。サムソンの母親は、それゆえに徹底的に砕かれる経験をします。どれほど、彼女が涙を流して主の前に祈ったでしょうか。これは、その器を聖める神様の方法です。

私たちの教会でも、このような人を多く見かけます。人はお金を持っていると高慢になりがちですが、中には謙遜な人もいます。どうして、そんなに謙遜になれるのだろうかと不思議に思い、近づいてみると、その人の人生に激しい苦難があったことが分かりました。生まれつき謙遜なのではなく、苦難を通して謙遜になるように神様が造り上げたのです。

私たちに力を注いでくださっているのも神様ですが、その力が汚染されないように守ってくださるのも神様です。どんな祝福の中にも、毒が隠れています。たとえそれが、どんなにごちそうであっても、またその栄養分の九十九パーセントが良いものであったとしても、一パーセントには毒があります。その一パーセントの毒は、私たちの体内で解毒される必要があります。神様は、私たちに恵みと祝福を注いでくださいます。しかし、その祝福の中に、わずかな毒が混じっているということを知らなければなりません。祝福の毒を聖めるために苦難が来るのです。だからこそ、私たちは謙遜になれます。

それはパウロにあっては、肉体のトゲと言われているものです。この肉体のトゲのために、パウロは高慢になり得なかったのです。ものすごい力が注がれた人ですが、このトゲのゆえに彼は誤った道から守られました。パウロにもトゲがあったのに、どうして私たちにトゲがないと言えるでしょうか。このトゲゆえに私たちは、かえって健康になるのです。

理解できない苦難があるでしょうか。

思ったよりも、この苦難の期間が長過ぎると感じていますか。

サムソンという偉大な器が登場する前にあった出来事を思い出してください。

十五年前、八十名だったサミル教会が、今、一万名以上の人が集まる教会になっています。単純に十五年前と今を比べる人が多いのですが、最初の三年間は大変苦労しました。十名伝道したら十名去っていき、建てられていく人がいるかと思えば、崩れていく人もいました。そこにある毒にどんどん吸い込まれて、耕しても、耕しても状況は変わりませんでした。私たちは失敗者だと思ったことが何度もあります。祈ってみことばに従っているのに、どうしてリバイバルが来ないのかと、もどかしく思ったこともたくさんあります。

しかし考えてみると、この最初の三年間こそが祝福でした。今、私たちの教会の幹部になっている重要なスタッフたちは、その当時学生だった人たちです。強力な指導者たちを建て上げていくためには、とても大事な期間でした。そのような苦しみを通ってきた私たちは、ちょっとのことでは崩れません。だいたい、多くの若者はせっかちです。しかし、このようなプロセスを通ってきた彼らは、まだ三十代なのに、老人のような忍耐強さです。そのつらく厳しい、失敗の過程を通ったからこそなのです。失敗の過程を通った人は、不思議な余裕を持っています。そのトンネルをくぐり抜けるなら、御力が注がれるということを体験的に知っているからです。

初代教会は三百年間、迫害時代を過ごしました。紀元三一三年に、コンスタンティヌス帝がキリスト教をローマ帝国の国教として公認するまで、激しい迫害がありました。その三百年を今の時代で計るなら、十八世紀から今日までの時間ということになります。どれほど長い期間でしょうか。数世代がずっと、その苦難の中に閉ざされていました。永遠に続くだろうと感じてしまうほどの長さです。

神様は生きておられるのに、どうして三百年も苦難が続いたのでしょう。この三百年の苦難のゆえに、キリスト教は変質しなかったのです。イエス様を信じるということは、ご利益を受けることではなく、すべてのことを失っていく、犠牲の道を歩むことです。徹底的な十字架信仰で、彼らは生まれ変わり続けることができたのです。この三百年間の迫害は意味のある迫害でした。その後に来る、素晴らしいリバイバルのための肥やしになったのです。

私は日本の状況を見ながら、この初代教会のことを思い起こしています。多くの人が疲れ、倒れている姿を見ます。しかし、絶望せずに主の十字架を見て、希望を持ってください。実は、日が昇る直前が最も暗やみに包まれた時間なのです。一番暗い時に、もう少し待つと太陽が昇ってくるのです。教会にも、個人の人生にも、同じように適用される真理です。サムソンの両親の一番絶望的な時が、実は一番大きな祝福の前触れだったのです。

絶望のただ中にあってリバイバルを見る目を持ってください。

この絶望的な暗さの中には、未来の栄光が必ず隠れているのです。

三　聖霊の力によってのみ生きらせるため

三つ目の苦難が持つ意味は、聖霊の力によってのみ生きるように変えられるということです。

サムソンはナジル人として生まれました。ナジル人はしてはならないことが三つあります。「髪の毛を切ってはならない」「死体に触ってはならない」「強い酒を飲んではならない」です。

髪を切ってはならない理由は、髪の毛が自分の所属を示すものだからです。男の人が長髪にしていると、「この人は特別な人だ」と見られ、それをもってナジル人であることに気づくのです。新約時代に生きている私たちも、キリストに属する者なのだということを示しながら、生きなければなりません。「死体に触ってはならない」ということは、私たちが聖く生きなければならないということに適用されます。

さて三つ目の酒の問題を見てみましょう。聖霊の人は、他の力には決して支配されないということを意味しています。イエス様を信じる人は、何の力で生きているのでしょうか。一言で言うなら、聖霊の力で生きていくのです。イエス様を信じるということは、他の神々に支配されないということです。エペソ人への手紙にもこのように記されています。

「また、酒に酔ってはいけません。そこには放蕩があるからです。御霊に満たされなさい」（エペソ五・十八）

ですから聖徒は、聖霊の力によってのみ生きていかなければなりません。教会の中でも、聖霊によらず、他の力によって生きようとさせる誘惑が働いています。お金にも力があるので、お金によって働こうとする心が起こりがちです。例えば私たちは、お金を持っている人をリーダーに立てて用いようとする誘惑に陥ることがあります。しかし、神の民が、神の教会が、その道を歩んではいけません。お金の力に頼ると必ず失敗します。そして、それに導かれていくと、教会は堕落するのです。教会が基本的に拠り頼むべきものは、祈りによって注がれる聖霊の力です。

例えば、日常生活の中で、私たちが酒の力に支配されることがあります。お酒を飲んだことのある人はわかるでしょう。酒そのものに力があります。気持ちが高揚したり、口の回らない人が突然雄弁になったりする、これが酒の力です。しかし、聖徒が酒の力に支配されることが決してあってはいけないと聖書は言っています。

ですから、よく口が回らない人は聖霊の力で語ってください。自分に力がないと思う人は聖霊の力で実行してください。必ず聖霊が助けてくれるでしょう。イエス様を信じる人は、酒の力で何かをやろうなどとは考えません。他にも、賭け事の力、ぜいたくの力など、依存的にさせるものが世の中にはたくさんあります。しかしイエス様を信じる者は、どんな依存症にもなる必要がありません。ただ一つ、聖霊の力によってのみ生きている存在だからです。

私たちの教会には青年が大勢いますが、この青年たちを導いていくためには、強いリーダーシップが必要です。大学時代、学生運動をよくやっていた私は、扇動の力をよく知っています。若い人たちがどうすれば興奮するかを知っています。どうしたらついて来るかも知ってます。私の知っている方法で、様々なことができるのです。しかし神の教会が、この扇動の力を使ってはいけません。

私たちの教会では、信徒が熱狂的に祈ります。しかし、私はそれを少し抑える時があります。また、ある時には「私は献身します」と申し出てくる人に「ちょっと冷静になって、もう一回考えろ」と言うことがあります。聖霊の力によらない他の力が教会に入ってくることを絶対に許さない、そういう牧会の心を持っているからです。ある時には、もの静かな礼拝に聖霊が臨んで、そこに神様のみわざが起きることがあります。静けさの中で聖霊が波打っていることがあるのです。このようなみわざが現れることこそが聖霊に頼る教会の姿です。

教会には強い点があります。世の人たちが真似できない、私たちの強さとは何でしょうか。教会だけが持つ唯一性とは何でしょうか。それは聖霊の力です。ですから教会は、世の人たちがやっている悪習慣を除去していくところでなくてはなりません。ただ聖霊の力だけに頼るということをはっきりさせる必要がありま す。人間は弱い存在です。すぐ手につかめるものに頼ろうとする習性があります。

苦難とは何でしょうか。

それは私たちがつかんで頼れるものがなくなってしまうことです。

ただ握ることができるのは、聖霊の力だけです。

ですから聖霊の力だけを頼ります。

それゆえ、あなたが一番弱く見えるときに、一番強くなるのです。苦難を通してあなたは何を学びますか。苦難を通して私たちは、神様だけを頼れば生きていけるということを学ぶのです。それを教えるために、私たちには苦難があるのです。


ですから苦難を受ける時は、悟りが与えられる時です。

苦難を受ける時は、集中する時です。

苦難を受ける時、それはただ一つのことを仰ぎ見る時です。

あなたの人生に大きな柱が立つ時です。

苦難の座にあって、この大きな柱を握ることのできる人になられることを祈ります。

「あなたらしさ」をつかんで生かす
失敗だらけのヒーローに学ぶ、長所・短所の生かし方

2007年 8月20日　初版発行

著　者　　ジョン・ビョンウク
発　行　　小牧者出版
〒300-3253 茨城県つくば市大曽根3793-2
TEL: 029-864-8031
FAX: 029-864-8032
E-mail: saiwai_sub@agape-tls.com
ﾎｰﾑﾍﾟｰｼﾞ: www.agape-tls.com
乱丁落丁は、お取り替えいたします。 Printed in Japan.
 ISBN978-4-915861-98-7